历史的风景

重返历史上28个关键瞬间

黄西蒙 著

中国工人出版社

自序

从思想史到心灵史

喜欢观察历史的人或许可以被称作思考者，在时间的维度上思考历史，独立个体的渺小与整体历史叙事的宏大会形成强烈的对比。但具体到个人的情感上，所谓“历史”不过是认知世界的一个渠道。当岁月的片断一点点打开，浮现在观察者面前的，未必是一个逻辑严谨的历史叙事，而身处一段历史之中，就更加看不清历史的本来面目。

但在中国这样一个重视历史、热爱历史的国度，古往今来从不匮乏记载与观察历史的人。似乎每个人都在自己的思维上建构了一套历史的叙述，但当不同思维的火花激烈碰撞之后，一闪而过的灵光却往往成为“主流”之外的异数。经过权力的规训，以及观察者话语权的建构，一套“主流”的历史线索就稳定下来。

被叙述的历史与历史的本来面目，在很多时候并不相同，甚至相去甚远。但当前者经过漫长的时间沉淀下来，即使谬误也可能变成事实，而曾经的真相可能深埋地下，永远不见阳光，除非后世产生的偶发因素让被压抑的真相重现天日。

但以更大的时间尺度看，被这两种“历史”囊括的人物还算是幸运的，因为他们毕竟被记录下来了，而更多或者说绝大多数在这个世界上出现过的人物、发生过的事件，并没有被记录下来。然而，没有被记录下来，不等于他们的人生是乏善可陈的，那些湮没在尘埃下的故事，可能有着比史书上更加震撼人心的情节，有着太多悲欢离合与爱恨情仇，有着太多独属于那个时代无法被后世理解的精神旨趣。

如果没有司马迁留下的《史记》，先秦两千多年前的历史多数可能就要变成传说。而事实上，《史记》对西周之前的记述，也几乎成了孤证，被后世反复质疑，直到甲骨文惊世出土后，才逐渐让人触摸到一点上古史的真相。但即便伟大如太史公，他的观察与记述依然不是复刻式的，其中的因素，不只是众所周知的“究天人之际，通古今之变，成一家之言”，更在于历史的信息随着时光逐渐消失，太史公最熟悉的历史只能是距离他最近的秦汉，这对更古老的文明而言，是一种无法消弭的不公平。

当然，用所谓的“上帝视角”来看待司马迁，对他也是不公平的，司马迁的历史观当然离不开他所处的历史环境，他已经竭尽全力，为后世描绘了一幅中华早期文明的图景。司马迁思考秦汉易代的历史时，其实就是在观察他们的“近代史”，他当然不知道自己身后还有几千年的精彩故事，就像他只能用追溯古人的视角来看待五帝与夏商，因为那就是司马迁心中的上古史，能把帝王世系和几件大事记录下来，就已经非常了不起了。

但那些化为烟尘的上古史并非没有意义，只是很少有人关心它们。人们总是对离自己近的历史更敏感，对与自己有关的故事感兴趣，但越是晚近的历史，反而有可能在各种被利益裹挟的话语里变得含混不清，扑朔迷离之间，并非历史本身的问题，而是被操纵的历史叙述所致。

就像司马迁会反复琢磨刘邦与项羽争雄的问题，但一个生活在商朝太戊时期的农民是如何度过自己的一生，可能就不会被关注到。这个普通的商朝农民，未必没有可歌可泣的故事，但还是被后世统归为“日出而作，日落而息”式的单调人生。当然，这个小人物也不可能意识到自己身处的历史阶段，他可能终其一生都没能看到新商王的诞生，因为太戊在位时间之长足够囊括多数人一生的长度。

历史就是在这样一次次的传承与断裂后变得更加复杂，也更加残酷。历史长河中的跌宕起伏，既是理性与秩序的重启和毁灭，也是情感与思想的衍生和流变。我一直在想，如何才能让那些被掩盖的人物“复活”过来，尽可能真实地表达他们内心所思所想，由此来观察历史现场的状况。这可能不只需要史料的支持，也需要情感的介入，是“理解之同情”而不是“开脑洞”，是谨慎的揣摩而不是任性的臧否。

如今，有两种极端的观察视角颇为流行，一种是把各种宏大叙事与“上帝视角”囊括在历史人物身上，好像他们的言行与后世叙述的历史逻辑是一样的，好像他们生来就是为了走进教科书的，最后成为冷冰冰的历史概念。还有一种视角，是所谓“庸俗人性论”的泛化，好像一切历史人物都是深谙厚黑之术的，每个人都只是为利益而争斗，最后沦为各种鸡汤书籍的经典案例。真实的历史当然不可能是这样单调的，不同视角的历史折射出不同的人性，其中不乏那些被高悬于空的理想主义所吸引的人，他们一度傲娇自信，却难免要遭受命运的锤击，而那些自以为可以避开历史跌宕的人，却可能作茧自缚，一步步走向了更荒谬可怖的人生。

因此，历史的阴面和阳面向来是不分离的，不能单从结果上的成功或失败来断定历史进程的正误，尤其在历史转折点上，很多隐微的细节都会改变最后的结论。当史学家面对历史偶然性的时候，理性思维就失效了，因此向来不缺乏把历史推向“不可知论”或“神秘论”的人。但如果一味认为历史的生成都是“幸存者偏差”，观察历史又有什么科学依据呢？

这个问题可能是无解的。不同的思维方式决定了不同的观察路径，得出的结论也是千差万别，但换个角度想想，定论真的那么重要吗？如果我们放弃定论，而是品读得出结论的过程，是否会更有趣味、更有价值呢？更何况，套用一下福柯的思维，最重要的还不是历史实然如何，而是历史何以如此？

这个问题又回到了最初的思考起点上，追溯历史背后的思潮，可能比外在的症候更有意思。正如英国思想家柯林武德在《历史的观念》中提出“一切历史都是思想史”这个关键命题，隐藏在历史深处的个体情绪、精神症候尤其是思维方式，都影响着人物的命运与历史的进程。柯林武德的思想对我启发很大，而茨威格在《人类群星闪耀时》中对历史现场的情感介入，更有“心灵史”意味上的启发。

从思想史到心灵史的观察路径，或许能让那些被掩盖的历史更加生动，也更趋于真实。本书中的人物，既有历史激流中的帝王，也有风云变幻中的将相文人，还有跌宕岁月中的小人物。如果从广义上认同茨威格式的“历史同理心”，那么不论是天真的文人还是浪荡的昏君，都能被纳入同一维度的观察里。

因此，我想努力还原历史现场，去探知每个人物的命运发展。但不可忽视的是，人在不可预知的命运面前的行为，导致历史的走向与最初的想象多数时候并不一致。在纷乱的世事面前，既有知其不可而为之的理想主义者，也有被环境裹挟的无所谓善恶的人，不论是大人物还是小人物，其命运在时代变幻时都是不确定的。

当然，我更偏爱小人物身上光辉的色彩，以及大人物在抉择面前内心深处的纠结，希望从失败者身上找到命运的虚妄所在，也希望在“烈火烹油”式的繁华中看出隐微的憔悴。正如茨威格所言，“那些历史的尖峰时刻都需要太长的酝酿时间，每一桩影响深远的事件都需要一个发展的过程”，如果能找到“酝酿”之下的隐藏的真实，发现“尖峰”两旁的奇诡风景，未尝不是一件幸事。

是为序。

推荐序

兼顾史实与史识的写作

解玺璋

热了很久的民间写史，用力最勤最多的，大约是在“恢复历史真相”这一点上。作者和读者都很在意能否“重返历史现场”，其目的，无非是想看一看“历史的本来面目”究竟是怎样的，纠正那些一直占据我们头脑的谬说和臆断。这种心理其实不难理解，只能说明以往历史书的内容有太多值得我们怀疑的地方，期待后来者能为我们答疑解惑，揭示真相。

历史被歪曲、改写、遮蔽、误解的原因很多，非只一端。当年，台湾学者黄彰健先生怀疑谭嗣同《狱中题壁》诗的真实可靠性，指责梁启超造假，只因他看到的材料尚不足以澄清历史的真实面貌。直到孔祥吉先生发现当年刑部司员唐烜的日记《留庵日钞》，才解决这个问题，还梁启超以清白。这是历史论述中很常见的现象，说明新的材料的发掘、发现，常常可以改写历史的面貌和结论。

此事常有，无须多言。而危害更大的，是那些为了私利刻意歪曲、改写、遮蔽、忽略历史真相的书写。长久以来，这种文字充斥于大量的历史读物中，因此，民间历史写作者承担着很重大的一个使命，即还历史以清白。此外，还有一点也需说明的是，有时候，材料是同样的材料，但由于观点和角度的不同，得出的结论很可能也是不一样的。也就是说，历史写作不能不说是一种主观性很强的写作，写作者作为历史的认识主体，自有其不可离弃的价值观，我们没有理由要求写作者脱离这一点去侈谈所谓客观真实性。同时，基于对价值多元的尊重，我们也没有理由排斥不同观念指导下的对于历史的解读。

这些拉拉杂杂的思绪，是我读黄西蒙此书时想到的。他把书稿发给我，希望我能作一篇序言。我也是热衷于历史写作的，算是同好，自然不好拒绝。而且，翻检一下篇目，多是我感兴趣的内容，这也调动了我的积极性，索性一篇一篇看下去。全书28章，分属三个部分，显然是刻意为之。三个部分的编排，首帝王，次将相文人，再次为小人物、无名氏，也是用了心思的，大约是想兼顾而不至于有所偏废吧。

不过，西蒙历史书写更突出的特点，是见小不见大，即小中见大，这个“大”也不是宏大叙事之“大”，而是“奇特细节”，他更关切的是历史跌宕里个人的体验。在历史大变局即将到来的时刻，“历史中间人”往往是意识不到的。也许有少数先知先觉的人敏锐地发现了某些端倪，却也无力改变历史发展的大趋势。而改变历史发展大趋势的动因常常又蕴含在不经意间发生的偶然性中。我很认同西蒙的这种看法，它的好处是把历史研究和书写引向人，而不是仅仅面对一堆空洞的概念。罗素认为，历史是人的创造，研究历史也就是研究人性，研究人性在不同历史条件下的具体表现。读西蒙的书，可以深深体会到这一点。

我们曾经被告知，历史发展是有规律可循的，历史始终是按照这样的规律有条不紊地向前发展的，而历史研究的终极目的就是要找到这样的规律，人所能做的，是遵循和适应这样的规律，绝不能违背这些规律。我不能说这样的规律有还是没有，也许是有的吧，但那规律的探寻和把握只能另委高人，绝非我辈所能胜任。在我看来，假如历史都是预先被注定了必然会发生的，那么，实际上是忽视了人对于历史的能动作用。这是一个问题的两面性，历史离不开人，但它也不会服从于人为设定的貌似自然、客观的规律。有趣的还是那些充满了人情味的历史场景和面貌。

读西蒙的作品，感觉他是很想出新的，几乎每一篇都想纠正旧说，提出新的观点。这里可以感受到一个青年写作者的锋芒和锐气。能看出来，他读的书很多，可谓杂学旁收，古今并蓄，虽没有秘府典籍，官私收藏，掌握的材料还是很丰富的，有些也是稀见的。因而，他立论的基础是很扎实的，绝非泛泛空谈，耽于想象和推论，也就避免了历史写作中常见的偏重材料或偏重观点的毛病。我和西蒙还有个共同点，都供职于报社，都有在报社搞评论的经历。方汉奇先生曾对我说，有新闻工作经历的人，搞历史研究有便利条件。我想他的意思是说，长期的新闻工作实践能教会我们用事实说话。这里包括了两个方面："事实"和"说话"，移植到历史研究中，或许就相当于"史实"与"史识"吧。利用得好，这便是我们的优势。西蒙的历史写作，即得益于此。

拉杂写来，勉为序言。

解玺璋 于望京二随堂

2019 年 5 月 6 日

目录

第一篇

历史激流中的帝王 / 1

第二篇
风云变幻中的将相文人 / 75

第三篇
跌宕岁月中的小人物 / 147

第一篇

历史激流中的帝王

殷商晚期的一桩谜案

翻开《史记》本纪篇的前三章，会发现司马迁对五帝和夏商时期历史记录相当粗略。有关多数统治者的记录，仅限于一个名字，有些有大致的在位时间，而更多的只是一笔带过，讲明何人“立”、何人“崩”，几十年的风雨跌宕，可能就被一带而过了。不难想象，司马迁能看到的上古史料也是非常有限的，更何况太史公的记述以严谨考究、惜字如金著称，后人从中挖掘出的蛛丝马迹，绝大多数时候都能与后世的考古结果相印证。

但殷商晚期的“武乙射天”的掌故，却是《史记》里非常奇怪的一段史料。司马迁有关武乙的记录不长：“帝武乙无道，为偶人，谓之天神。与之博，令人为行。天神不胜，乃僇辱之。为革囊，盛血，卬而射之，命曰射天。武乙猎於河渭之间，暴雷，武乙震死。”

这段简单的文字起码说了三个重要的信息：其一，武乙不是个贤明的商王，而是“无道”，熟悉《史记》的读者，都会明白这两个字意味着什么，如果不是太史公对这个历史人物十分厌恶，他不会用贬义色彩如此鲜明的评价，在古代，评价帝王“无道”基本就等同于说他昏庸无能、凶恶残暴。其二，武乙用所谓“射天”的方式来打击“天神”，这种行为在中外古代史里都十分罕见，可谓离经叛道。其三，武乙的死非常蹊跷，竟然是在打猎时候被暴雷劈死的，算得上是帝王中最罕见的死法之一。

从古籍史料里看，帝王“射天”之事并非只有武乙一人做过。同样在《史记》里，《龟策列传》就记载：“桀为瓦室，纣为象郎。徵丝灼之，务以费。赋敛无度，杀戮无方。杀人六畜，以韦为囊。囊盛其血，与人县而射之，与天帝争彊……”桀纣这暴君的“射天”行为，跟武乙所为几乎一模一样，让人不禁怀疑这是否是对桀纣无道行为的过度夸张。至于另一个著名的“射天”之事，则是《史记·宋微子世家》里记载的宋康王的掌故：“君偃十一年，自立为王。东败齐，取五城；南败楚，取地三百里；西败魏军，乃与齐、魏为敌国。盛血以韦囊，悬而射之，命曰射天。淫於酒妇人。群臣谏者辄射之……”

但是，“武乙射天”后发生的雷击案件，让此事变得不同寻常，这难免会让古人想起天道报应之说。而且，太史公在《史记》里用了“武乙震死”这样的说法，但其他商王的死，大多被他叙述为“崩”，这与前文所说对武乙的鲜明贬义评价相契合。

翻遍《史记·殷本纪》，会发现历代商王的死几乎都被称为“崩”，即使是太甲、阳甲这样有争议的商王（比如在其统治时期发生了“殷衰”之事），也没有被刻薄地说成“死”。当然，商纣王的结局被叙述为“纣走入，登鹿台，衣其宝玉衣，赴火而死”，这并无意外之处，只是把武乙和纣王放在一个评价等级上，还是让人觉得十分蹊跷。

在现存的史料里，没有任何证据证明武乙是个荒淫昏庸的商王。相反，武乙挑战“天神”，比那些在《史记》上只留下一个名字的商王，做了更多打破常规的事情。学术界有观点认为，殷商晚期王权与神权斗争激烈，“武乙射天”这种近乎荒诞的行为是为了挑战对王权构成威胁

安阳殷墟遗址

的祭祀利益集团，只可惜失败了，在外出打猎时意外死去，还被污名化为“震死”“无道”。

这样的看法并非没有道理，但仔细推敲后，会发现其解释力是有限的。正如著名考古学家张光直先生在《商文明》中所言，“商代的宗教与商代国家的起源和合法化不可避免地缠结在一起……商王的一切权力都来源于神权统治”，商王本身就是宗教权力与世俗权力合一的存在，即使要射死“天神”，也是桩“杀敌一千，自损八百”的生意，对巩固武乙自身权力也未必有好处。

但是，这种思路背后有个问题是:“天神”具体指什么呢？如果我们搞错了“天神”的指代意义，只是将它泛化理解为神权力量，是否存在偷换概念的问题呢？这就要回到商代宗教文化里来看了。

古籍文献里对商代宗教尤其是祭祀文化的叙述不多，但大量出土的甲骨文材料能帮助我们了解这些问题。从目前可见的资料来看，商代宗教种类繁多。比如图腾崇拜，世人对“玄鸟生商”的掌故早已熟悉，此处不必赘述。后来的祖先崇拜可能跟图腾崇拜有关，世人常言周人沉迷于祖先崇拜，其实商人也喜欢向祖先献祭，历代有为的商王也是后世祈求风调雨顺、国富民强的精神寄托。

再就是自然神崇拜和非自然神崇拜，日月星辰、风雨雷电都有可能成为古人眼中的通神之物，每逢天色变幻，他们会认为这意味着神灵在表达某种意志，向尘世传递信号。甲骨文中有“出日入日”一类的记录，记述了商人眼中太阳运行轨迹的变化，而这些被今人看成自然规律的景象，在当时被认为与军事征伐乃至日常农事息息相关。而且，甲骨文里也有不少向神灵祈雨的记录，比如“贞帝及四月令雨”“贞生八月帝不其令多雨”之类的卜辞。

至于非自然神崇拜，则是一种对超越自然和凡尘的力量的崇拜，往

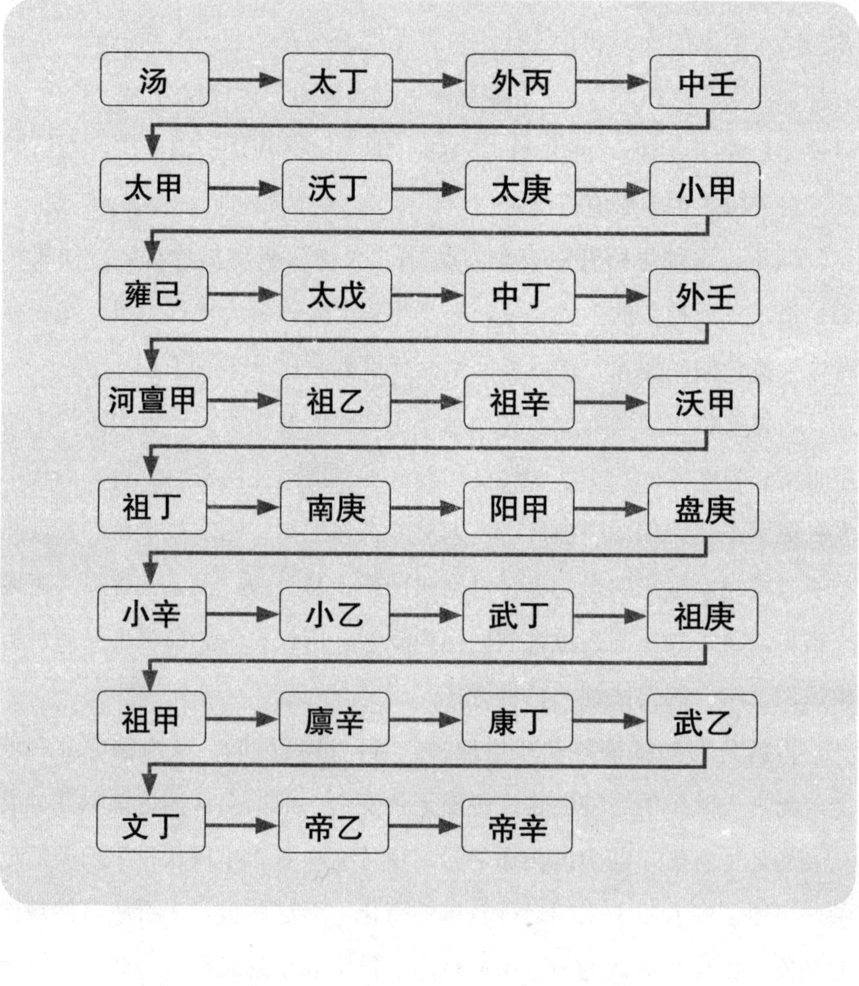
汤
太丁
外丙
中壬
太甲
沃丁
太庚
小甲
雍己
太戊
中丁
外壬
河亶甲
祖乙
祖辛
沃甲
祖丁
南庚
阳甲
盘庚
小辛
小乙
武丁
祖庚
祖甲
廪辛
康丁
武乙
文丁
帝乙
帝辛

商王世系表

往被称为“上帝崇拜”。在甲骨文里，“贞帝”之类的卜辞就表达了类似的意思。在商人的精神世界里，夜空里满天的星辰，地表上奔流的江河，以及自己的人生命运，都被“帝”的神秘力量所掌控。

但是，甲骨文里常见的“帝”和武乙挑战的“天神”，是不是一回事呢？太史公没见过甲骨文，《殷本纪》里所说的“天神”有没有明确所指呢？或许没法从卜辞里找到对应答案，只能在《史记》等文献里寻找蛛丝马迹。

经过反复查找，《尚书》里《商书·汤诰》的一段话让我喜出望外。这段文字是商汤在“既黜夏命，复归于亳”后所言：“夏王灭德作威，以敷虐于尔万方百姓。尔万方百姓，罹其凶害，弗忍荼毒，并告无辜于上下神祇。天道福善祸淫，降灾于夏，以彰厥罪。肆台小子，将天命明威，不敢赦。敢用玄牡，敢昭告于上天神后，请罪有夏……尔有善，朕弗敢蔽；罪当朕躬，弗敢自赦，惟简在上帝之心……”，其中明确提到“上帝”“天神”“天道”等概念。还原这段话的历史现场，后人不难想象出商汤灭夏时的意气风发，以及对天道更替、天神威力的信仰。

武乙挑战的“天神”，或许跟其祖先成汤所言的“天神”是一个概念，而太史公撰写《史记》时，也势必参考了相关资料，只是他看了哪些资料后决定选用“天神”二字，后人是无法确知的。但是，在这些蛛丝马迹里，“天神”与“上帝”之间的关联逐渐清晰起来。

其实，在先秦文献里，“天神”曾有过多次“亮相”，如《周礼》中所言“大宗伯之职，掌建邦之天神、人鬼、地示之礼，以佐王建保邦国”，“以冬日至致天神、人鬼，以夏日至致地示物鬽，以襘国之凶荒、民之札丧”等。可见，“天神”的内涵虽比较丰富，但大多时候是区分于自然与鬼魅等概念的，也就是上文所言的“非自然神崇拜”。武乙看到了“殷道衰微”的危险，他更嗅到了“非自然神崇拜”（包括天神崇拜、祖先崇拜等）潜在的问题。武乙是个失败的“射天”者，如果成功，他或许可以像那位神秘的古埃及法老埃赫那吞一样，通过宗教改革和政治变局来实现对国家的掌控。

在历史的转折点上，总有一些人的行为显得离经叛道，他们或许是失败的理想主义者，或许只是不愿随时代浪潮一同起伏。很多小人物可以选择远离历史舞台的中心，可对帝王而言，除了作出搏命般的举措，他们又怎能避开历史的跌宕呢？从殷商晚期到武王伐纣，殷周不同的宗教观念与文化习俗碰撞交汇，历史的天命最终归于周人之手。而在武乙时期，殷商的衰败已经难以阻拦，统治集团内部也出现了分崩离析、互相争斗的局面。武乙选择“射天”的真实心思，后世永远无法确知，或许他正是试图通过与“天神”争斗来打造新的王权，可惜的是，他留在历史上的不是一个突兀的惊叹号，而是巨大的问号与绵延不绝的省略号……

“穿越者”王莽的悲剧根源

在中国古代史上，有很多看起来“另类”的人，或者说，不符合历史“主潮”的人，但像王莽如此奇诡、如此让人看不透、如此有争议的人物，实不多见。

后人一提起王莽，就会想起白居易那句名诗，“周公恐惧流言日，王莽谦恭未篡时。向使当初身便死，一生真伪复谁知？”不过，王莽的真实形象未必如此，用伪君子之类的称号来形容王莽，未免太过简单了。但也因为王莽的一生太过传奇，其言行过于怪异，在如今网络文化的炒作中，他竟成了人们眼中的“穿越者”。不过，王莽不像是从后世穿越回去的，倒像是从上古时代（尤其是尧舜时代）向后穿越的。我曾对此专门做过一些研究。

从史料中看，王莽早年的经历十分坎坷，从少年到青年阶段，他一直在努力“逆袭”。《汉书》用大量的篇幅书写《王莽传》，对王莽早年经历也有记载：“莽群兄弟皆将军五侯子，乘时侈靡，以舆马声色佚游相高，莽独孤贫，因折节为恭俭。”王莽出生在西汉外戚王氏家族，但他在家族中毫无地位，属于边缘人物。王氏家族里的其他兄弟，虽然才能不如王莽，却因出身好，可以纵情于声色犬马，享尽荣华，这让王莽在少年时代就备尝人间冷暖，心理不平衡是必然的。但是，读圣贤书长大的王莽却怀抱利器，他花费心思、尽心竭力，力图维持自己“温良恭俭让”的好形象。

从知识结构上讲，一个人选择的人生道路，一定与他早年的读书、思考密不可分，这决定了他日后的思维方式和价值理念，甚至很多人的人生经历虽然丰富，却始终忘不了早年的各种经历。从心理学上讲，少年时代的记忆，会跟随人的一生且能影响日后人生的走向，至于是变好还是变坏，则是无法预知的事情。少年时代的王莽，显然是胸怀大志的，他所受到的圣贤教育，在激励他成长的同时，也赋予了他强烈的理想主义精神。

王莽是一个忠诚的儒生，他甚至将儒家思想进行了极端化的实践，可以说儒家思想的优劣都给他留下了烙印。“修齐治平”是他的人生信念，“人人皆尧舜”是他的政治理想，更何况，自强不息和克己复礼的精神早就成为他的立身之本。或许在少年王莽心中，他早就想象过自己的理念在天下推行的盛景，但他心里也清楚，要想实现这些理想，必须先拥有至高无上的权力，并获得天下人的支持，从权利到道义，都要占据制高点。这是一种儒家思维方式，也是经世致用的典型思路。

直到二十多岁，王莽的仕途才迎来了转机。《汉书》上有记载：“阳朔中，世父大将军凤病，莽侍疾，亲尝药，乱首垢面，不解衣带连月。凤且死，以托太后及帝，拜为黄门郎，迁射声校尉。”得到大司马王凤的赏识，是王莽发迹的第一步。不过，王莽的这一步跨越，依赖的是对王凤的悉心照料，依赖的是个别权臣的提携，这也让他尝到了身处封建官僚体制中晋级的奥妙：必须得到有权势者的提携，必须有依靠。

王凤死后，王莽开始了新的晋级之路。“久之，叔父成都侯商上书，愿分户邑以封莽，及长乐少府戴崇、侍中金涉、胡骑校尉箕闳、上谷都尉阳并、中郎陈汤，皆当世名士，咸为莽言，上由是贤莽。永始元年，封莽为新都侯，国南阳新野之都乡，千五百户。迁骑都尉、光禄大夫、侍中。宿卫谨敕，爵位益尊，节操愈谦。散舆马衣裘，振施宾客，家无所余。收赡名士，交结将相、卿、大夫甚众。故在位更推荐之，游者为之谈说，虚誉隆洽，倾其诸父矣。敢为激发之行，处之不惭恧。”到了绥和元年，王根推荐王莽做了大司马，王莽依然保持了良好的形象，赢得了更多人的赏识。

《汉书》对王莽的发迹史介绍得十分详细，大概史学家也对王莽的“逆袭”之路颇感兴趣，努力寻查其早年踪迹。即便是站在刘氏正统立场上的班固也没法否认王莽早年名声之好，而且，王莽不仅与权贵们交往密切，跟文人墨客的关系也很好，还能礼让百姓，在当时，这算得上是道德上的楷模了。

这当然跟王莽内心的自我克制有关。贪婪是人的本性，身居高位、手握权力者还能慎独克制，足见其个人修养之深。不过，也不排除一种极端的可能，就是这一切都是假的，都是他表演出来的，为了赢得更大的权势，一时的隐忍也是可能的。不过，起码到此时，还看不出王莽是在刻意隐忍，这倒像是一种本能的流露。而且，再看王莽之后做的事，更可看出他不像是在刻意掩饰。

《汉书》上曾记载：“莽杜门自守，其中子获杀奴，莽切责获，令自杀。”在古代，尤其是汉代，王公贵族杀死一个奴婢，算不上多大的事，即使被追究责任，找一些有利于自己的借口，也能搪塞过去。不过，王莽对二儿子王获不只是口舌上的惩罚，在批评他之后，还是杀了他。这件事引起了朝野内外的震动，王莽的大义灭亲为他赢得了更好的名声。可以说，王莽的身上毫无污点，甚至没有任何缺点，简直就是现实中的圣贤。如果说史书上的圣人，还有被后世刻意拔高的嫌疑，还有生前落魄、身后圣化的问题，此时的王莽都没有这些问题，他唯一的问题，就是道德感强到了超越人性的地步，让人觉得不真实。

不过，我相信《汉书》上这些记载是真实的。原因其实也并不复杂，其一，班固真的没必要美化王莽，甚至他可能会站在维护汉朝正统的立场上黑化王莽。其二，在王莽那个时代，想篡改历史记录或欺骗百姓、虚造口碑，是非常困难的，当时的信息传播渠道也决定了王莽的言行必须符合正道，才能获得好口碑。

但王莽杀子，也确实有其背景原因，但这往往被后世忽略。王获被杀时，王莽因为在朝中被排挤，暂时在自己的封地隐居。对他而言，能否东山再起，既与政治局势有关，更取决于自己在朝廷内外的口碑。果然，在王莽大义灭亲后，《汉书》上讲“在国三岁，吏上书冤讼莽者以百数。元寿元年，日食，贤良周护、宋崇等对策深颂莽功德，上于是征莽”。王莽的名声再度大涨，以至于汉哀帝不得不把他召回朝中。此后，王莽的“逆袭”之路颇为顺利，其名声越来越好，这一切既符合王莽行事的逻辑，也让历史的走向变得吊诡起来。

最吊诡的是王莽的态度。不论是《汉书》还是《资治通鉴》，对王莽掌控大权后的统治思想，几乎都是以大段大段的对话和宣言来呈现的，这点颇不寻常。如果说《资治通鉴》的内容可能沿用了《汉书》，那么《汉书》中这些详细的记载，可能真的有事实作依据，并被身边的史官记录下来。而且，王莽对于铲除政敌是毫不留情的，但一旦涉及危及其道德模范形象的事情，他又格外谨慎。

王莽从权臣变成皇帝，是一个很缓慢很复杂的过程。他之所以如此谨慎，不仅和其维护伟岸形象的需求有关，更在于他真的在做一件空前的事情。很多人忽视的是，王莽篡汉，是中国历史上第一次真正意义上的篡权称帝事件，在当时，这是一件石破天惊的大事，也是一件可以决定未来历史走向的事。王莽称帝在当时的冲击力，如同秦灭六国和刘邦称帝，都是开天辟地以来的第一次，只不过，王莽后来失败了，不仅使他自己沦为历史阴面的人物，也让一些人背上了洗不掉的“黑历史”。

文人扬雄就是其中一个。在王莽权势鼎盛时，扬雄创作了《剧秦美新》，借着批评秦朝来歌颂新朝。听这名字，就知道这是个不折不扣的拍马屁之作，其中赞美王莽之肉麻，隔着两千年都觉得好笑。《剧秦美新》里称：“上封事皇帝陛下，臣雄经术浅薄，行能无异，数蒙渥恩，拔擢伦比，与群贤并，愧无以称职。臣伏惟陛下以至圣之德，龙兴登庸，钦明尚古，作民父母，为天下主，执粹清之道，镜照四海，听聆风俗，博览广包，参天贰地，兼并神明，配五帝，冠三王，开辟以来，未之闻也。臣诚乐昭著新德，光之罔极……”

扬雄这位汉赋大家，因为有这一点“黑历史”，在后世常被提及，甚至脱脱写《宋史》都没忘提这事，“王莽之篡，扬雄不能死，又仕之，更为《剧秦美新》之文……”不过，这也不能全怪扬雄，他本来以为这篇长文能成为新朝的传世颂歌，不料新朝“一世而亡”，局势反转后很快就被打脸。追本溯源，还是文人和权力说不清的关系害了他，在当时，想做一个不被政治影响的文人，实在是太难了，文人或多或少地都要与政治有关联，既然不能反对统治者，很多人只好选择歌颂了。

其实，相比很多人，扬雄做得还不算过分。因为权力变化太迅猛，一些投机分子认准了形势，便赌上自己身家性命，决定一搏，哀章就是其中的典型人物，在他献上符命后，王莽称帝便正式有了天道意义上的合理性。《资治通鉴》对哀章献符命的记录颇为详细，大概也是沿用了《汉书》的记载，因为这段情节太过荒诞，甚至有一些喜感，故而全文录之：

梓潼人哀章学问长安，素无行，好为大言，见莽居摄，即作铜匮，为两检，署其一曰“天帝行玺金匮图”，其一署曰“赤帝玺某传予黄帝金策书”。某者，高皇帝名也。书言王莽为真天子，皇太后如天命。图书皆书莽大臣八人，又取令名王兴、王盛，章因自窜姓名，凡十一人，皆署官爵，为辅佐。章闻齐井、石牛事下，即日昏时，衣黄衣，持匮至高庙，以付仆射。仆射以闻。戊辰，莽至高庙拜受金匮神禅，御王冠，谒太后，还坐未央宫前殿，下书曰：“予以不德，托于皇初祖考黄帝之后，皇始祖考虞帝之苗裔，而太皇太后之末属。皇天上帝隆显大佑，成命统序，符契、图文、金匮策书，神明诏告，属予以天下兆民。赤帝汉氏高皇帝之灵，承天命，传国金策之书，予甚祇畏，敢不钦受！以戊辰直定，御王冠，即真天子位，定有天下之号曰新。其改正朔，易服色，变牺牲，殊徽帜，异器制。以十二月朔癸酉为始建国元年正月之朔；以鸡鸣为时。服色配德上黄，牺牲应正用白，使节之旄幡皆纯黄，其署曰‘新使五威节’，以承皇天上帝威命也。”

对王莽来说，哀章献上的符命可谓锦上添花，而对刘家政权来说，这可谓压倒骆驼的最后一根稻草。投机分子哀章也借此登上人生巅峰，跟王莽其他的亲信一起粉墨登场，因为他在铜匮里留下的名字，除了王莽的八个亲信之外，就是他和胡编的王兴、王盛两个名字。搞笑的是，在长安城里还真有王兴、王盛二人，王莽也按照祥瑞的指示给他们封官封赏，两个平头百姓由此一跃而成为贵族。

耐人寻味的是，哀章为什么要用王兴、王盛这两个名字呢？对此，历来说法不一，一种常见的说法是两人名字里的“兴盛”有吉祥之意。这或许是个理由，但我发现，王莽有个儿子也叫王兴，哀章此举大概是有跟王莽套近乎的意思。更何况，西汉后期有6000万人口，在单字名占主流的时代，用常见字做名字而重名，也不是什么稀罕事。如果细察历史，会发现王莽时期只看知名人士中重名者就甚多，比如叫王凤、刘秀的就有好几个，甚至王莽本人，也跟汉昭帝时的右将军王莽同名同姓，只不过后来这个王莽名气太大，让人忘记了之前的那位。

王莽称帝后，历史的走向变得扑朔迷离起来。以当时的情况看，汉朝并未到穷途末路之时，虽然汉成帝后，国力有所衰退，但绝无亡国之状。事实上，当时中原地区并无战乱，汉朝对西域的掌控还十分有力，西域都护府仍在，倒是新莽政权丢掉了西域，直到东汉班超再通西域，才让中原王朝的实力能伸向遥远的西方。王莽的改制，大多数属于自我幻想的乱搞，并不符合经济和社会的发展规律。

因为王莽正是靠着这种极端理想主义的信念，才一步步走到人生巅峰，他如果否定了这种圣贤之道的逻辑，就等于否定了之前努力的一切，也会让自己称帝的唯一合法性破裂。更何况，围绕在他身边的许多权贵，已经和王莽的利益融为一体，王莽成为这个群体里的一分子，无法从中脱身。不过，或许连王莽自己也没意识到，那些宠臣并不是全部因其圣贤理想才拥护他，其中固然有刘歆这样能与他探讨儒家学问的伙伴，但更多的是哀章这样看风使舵的墙头草。这真是王莽的悲哀，也是民众的悲剧，可惜，历史从来是无情的，试图用极端手法来扭转历史的人，往往会遭到历史的反噬。

从王莽改制时的手段看，他实在算不上一个精明的政客，在很多细节上，都没有基本的施政常识。比如，他改变土地制度和货币制度，还要求“开赊贷，张五均，设诸斡者”，这些做法都是“托古改制”，试图套用上古圣贤时代的制度来救济现世。然而，这些举措在理论上或许还能逻辑自洽，但在现实中，因为生产条件和人性复杂的因素，不仅不会合理实施，反而会酿成大祸，严重破坏正常的社会经济状况。王莽希望

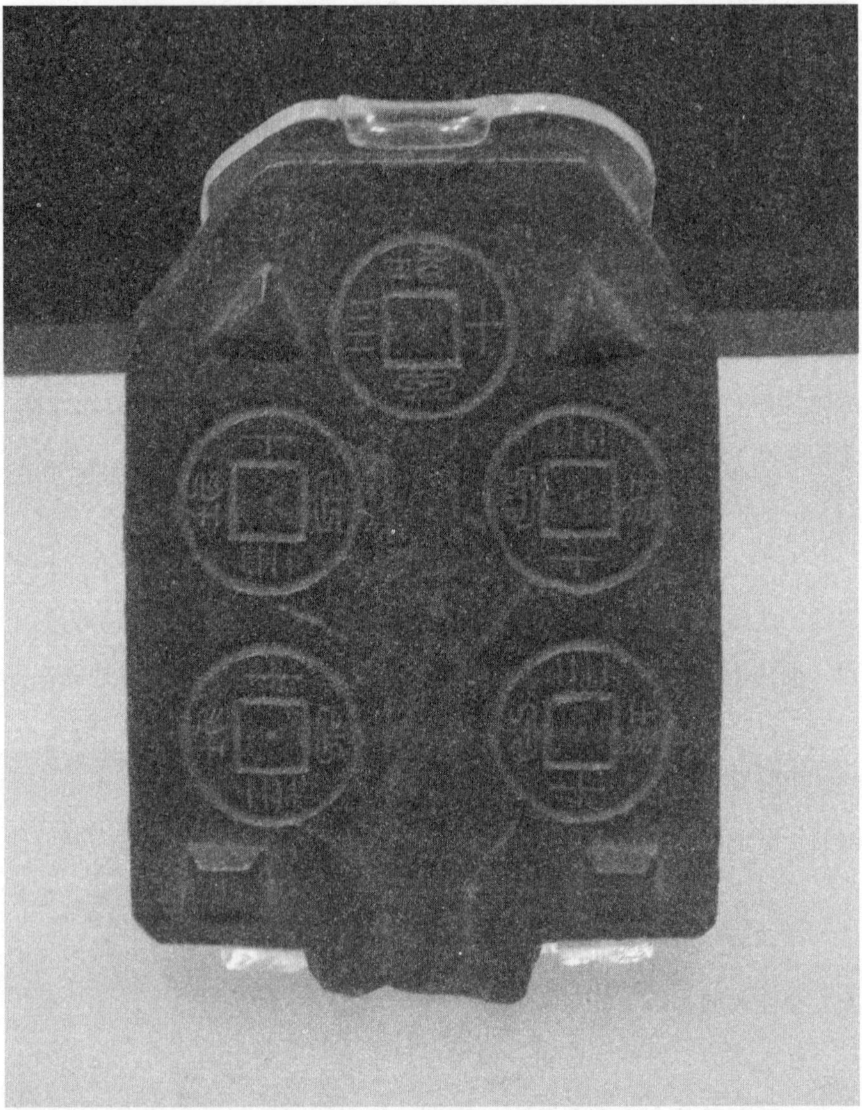

王莽对货币做了大规模改革，发行了“六泉”钱币，此图为新莽时期的“壮泉四十”钱范（钱范就是铸币的模子），收藏于辽宁省博物馆

所有人都成为圣贤子弟，可他不明白，光凭借伦理教化是不可能做到这点的，暂且不说“仓廪实而知礼节，衣食足而知荣辱”的道理在当时是否一定行得通，但不论如何，改革要循序渐进、有条不紊，激进措施反而会带来比改革前更严重的后果。而且，王莽的“王田”改制得罪了掌握主要社会财富的地主和权贵们，也没给百姓带来多少好处，反倒使农田日益荒芜，民生越发凋敝。

葛剑雄先生在《我看王莽》一文中曾一针见血地指出：“在社会财富不可能无限制增加的条件下，想同时讨好社会的各阶级、各阶层、各个利益集团是绝对办不到的。王莽想在不触犯贵族、豪强、官僚利益的前提下，让百姓、贫民甚至奴婢的生活也得到改善，完全是痴心妄想。”这真可谓点到了王莽整套改革措施的命门。似乎在他那里，理想主义的情怀是超过现实考量的，他的诸多社会改制举措，也并非非做不可之事，与其说这是民众所渴盼的改革，不如说是王莽借机实现个人抱负和理想而已。

在生产力低下的农耕时代，让民众拥有更多农田、抑制土地兼并，以及治理水旱灾害，都是最基本的改革举措。能做到这些，最起码能保证社会秩序维持下去，至于什么上古的圣王之道、尧舜之世，多数老百姓并不关心。

王莽改制后的民生，比他曾经不满的那个更要混乱，更糟糕的是，历史没留给他纠正错误的机会。《汉书》对王莽结局的记载十分悲惨：“商人杜吴杀莽，取其绶。校尉东海公宾就，故大行治礼，见吴问：绶主所在？曰：室中西北陬间。就识，斩莽首。军人分裂莽身，支节肌骨脔分，争相杀者数十人……”地皇四年（公元23年），王莽及其创立的新朝在怒不可遏的民众反抗中灰飞烟灭。可是，这一切悲剧的根源难道可以只算在王莽头上吗？

两个刘秀与谶纬之谜

每次看到两汉之际的史料时，我都觉得一些记载颇为混乱，其原因便是不少人名颇为相似，甚至完全相同，刘秀也好，王凤也罢，这些名字在当时不仅被多人使用，还有名人完全重名，实在令人费解。

经过百年的繁衍，到了西汉后期，刘姓已经从秦汉之交时的小姓，变成了真正的大姓，上自皇帝，下至平民，刘姓人可谓遍布天下。公元前 50 年，作为汉高祖刘邦的同父异母弟刘交的后代，一代大儒刘秀出生了。这位刘秀说的不是后来的汉光武帝刘秀，他本名刘歆，后来才改名为刘秀。比起他的父亲刘向，刘歆年轻时名气不大，但他怀抱利器，心藏大志，他的志向是通过对儒家经典的再阐释和研究，来恢复孔子思想的本来面貌，也对那个混乱的时代有所补益。

比起普通百姓，刘歆有一个显赫的家族背景，但到了他父亲刘向的时候，曾经皇族的荣光已经消弭，钻研学问成了他们维护话语权的唯一渠道。当然，刘向的学术成就也是很显著的，如果没有他的努力，后世看到的先秦经典可能只剩下只言片语了，尤其是《战国策》《管子》《韩非子》等书经过他的整理和修订，得到了更广泛的传播。刘向留给刘歆的物质财富不多，也没太多官场上的人脉，倒是留下了一笔精神财富，这让刘歆从小就决心成为比父亲更伟大的学者，他要在前人的基础上承续学脉，还要发扬济世安民的儒家精神。

或许是基于类似的成长经历，青年时代的刘歆就与王莽相识，并结下了深厚的友谊。王莽同样有着复杂的身世，他和刘歆一样，有着自诩为贵族之后的高贵精神，又生性敏感，对现实的困顿十分不满，但他们的野心不只是在于个人成功，更希望通过自己的努力，来突破已经腐朽不堪的儒家文化环境，创造一个符合圣人教义的理想世界。

这种心理，不是那些生活天然优越、成长一帆风顺的纨绔子弟可以理解的，也是那些整天想着“老婆孩子热炕头”的小老百姓们无法理解的。越是面对腐朽的制度，在体制内越有可能产生一些叛逆者，他们要在主流观点里开掘非主流的力量，就势必要有过人之处，还要获取能够说服他人的“绝杀武器”。

刘歆找到的“绝杀武器”就是古文经学。《汉书·楚元王传》中有记载：“及鲁恭王坏孔子宅欲以为宫，而得古文于坏壁之中。《逸礼》有三十九，《书》十六篇。天汉之后，孔安国献之。遭巫蛊仓卒之难，未及施行。及春秋左氏所修，皆古文旧书。”在当时，官方提倡的儒家思想属于今文经学一派，它是在秦始皇焚书坑儒后，由老儒凭借记忆写下来的经典，因为只是追忆之作，历来被儒生所争议，但因为它成为官方认可的经典文本，儒生们也只能全盘接受。而从孔子故宅壁间发现的古书经典，还没得到主流的认同。

刘歆在考察国家图书资料后发现了大量秘书，其中记载的文字和思想距离孔子更近，他认为这是圣人言论最初的记载，便以此“古文经”来代替“今文经”。更重要的是，刘歆认为今文经学已经成为统治者的理论工具，必须要有一套新的话语来取代旧的学说。从学术史上讲，刘歆所思所做堪称石破天惊，彻底改变了当时今文经学的正统地位，此后连续两千年，都是古文经学占据主流话语，直到晚清才出现了今文经学和古文经学两种路子的争论。

用今天的视角看，刘歆做学问的路子，偏重思想灵光而不拘泥于所谓“正统”的话语限制，只要不符合他心中圣贤之道的文字，哪怕是已经记载清晰的内容，他也不会全盘相信。更何况，这些内容基本都是今文经学里的。相比做学问的方法论的差异，思维方式的不同，往往会有更大的影响力，刘歆的思维方式就是革故鼎新式的，颇具创新能力，还能与王莽的政治实践相结合。不得不说，刘歆是个聪明人，虽是儒生，但绝不迂腐。

这种灵光和绵延的思维方式也让刘歆发现了学问的更大意义，那就是可以为权力斗争提供意识形态上的合理性，在宫廷内外对王莽称帝的呼声越来越高的时候，他的理论也为王莽篡权提供了帮助。但也因此，刘歆的一部分研究就算不上纯粹，这也成为他日后悲剧的来源。

在刘歆和王莽的时代，谶纬之风颇为流行。根据后世《四库全书总目提要》的定义，“谶者诡为隐语，预决吉凶”“纬者经之支流，衍及旁义”，谶纬起源于远古时代的祭祀、宗教活动，后来遁入民间，成为预测吉凶的理论。虽然谶纬说准的时候不多，但一旦有那么几个准的，就会让人非常震惊，甚至对其他谶纬深信不疑。正因如此，一些阴谋家会散布谶纬言语，以达到自己的目的，像陈胜吴广起义时的“大楚兴、陈胜王”，就是最简单的一种谶纬，明眼人一看就知道这是有人刻意编造的鬼把戏，但仍有很多人相信。到了汉武帝时，董仲舒根据天人感应的学说搞出一套论述帝王统治合法性的谶纬理论，此后的儒生都以此为基准，不断进行阐释性研究，逐渐生成一套儒家的“官学”。但在民间，不一样的谶纬之语却不断传播，其中名气最大的就是《赤伏符》。

有关《赤伏符》的产生时间，学术界争议很大，争议点多围绕刘歆展开。此书到底产生于刘歆之前，还是刘歆之后，抑或是刘歆自己编造的，各方说法不一，但又没有明确证据。但可以确定的是，《赤伏符》在当时影响很大，还产生了“刘秀当为天子”的传言，民间对刘氏天下还有很浓的感情，这可能的确反映了民意，但更有可能是一些阴谋家制造的流言。

凑巧的是，此时的刘歆已经改名为刘秀。史书上对这段记载很混乱，以至于很多人误以为刘歆是因为谶纬才改名，实际情况是，在传言流传开之前，他已经用新名字很久了。最大的可能是，刘歆为了避汉哀帝刘欣的名讳，才改名刘秀，但那时候，《赤伏符》还没有那么大的影响力，甚至还没产生。

但不管怎么说，此时的刘歆已经下定决心跟王莽对着干了，而且借助谶纬的力量，来破坏王莽的统治。可能连他自己都不愿意承认，当年王莽一步步登上权力舞台，也是靠着他的谶纬学说，可如今王莽大功告成，刘歆为何要反对王莽呢？从史料上看，刘歆是受权力斗争牵连所致。

这部狗血的宫廷剧发生在公元 21 年。《汉书·王莽传》里有详细的记载：

莽候妻死，谥曰：“孝睦皇后”，莽渭陵长寿园西，令永侍文母，名陵曰“亿年”。初莽妻以莽数杀其子，涕泣失明，莽令太子临居中养焉。莽妻旁侍者原碧，莽幸之。后临亦通焉，恐事泄，谋共杀莽。临妻愔，国师公女，能为星，语临宫中且有白衣会。临喜，以为所谋且成。后贬为统义阳正，出在外第，愈忧恐。会莽妻病困，临予书曰：“上于子孙至严，前长孙、中孙年俱三十而死。今臣临复适三十，诚恐一旦不保中室，则不知死命所在！”莽妻疾，见其书，大怒，疑临有恶意，不令得会丧。既葬，收原碧等考问，具服奸、谋杀状。莽欲秘之，使杀案事使者司命从事，埋狱中，家不知所在。赐临药，临不肯饮，自刺死。使侍中票骑将军同说侯林赐魂衣玺韨，策书曰："符命文立临为统义阳王，此言新室即位三万六千岁后，为临之后者乃当龙阳而起。前过听议者，以临为太子，有烈风之变，辄顺符命，立为统义阳正。在此之前，自此之后，不作信顺，弗蒙厥佑，夭年陨命，呜呼哀哉！迹行赐谥，谥曰：'缪王'。"又诏国师公："临本不知星，事从愔起。"愔亦自杀。

问题的吊诡之处就在这里。王莽杀子本来属于自己家族内部的事情，但偏偏这事还跟刘歆扯上了关系，因为在两人关系情同手足的时候，刘歆的女儿刘愔嫁给了王莽的儿子王临，而王临跟王莽交往过的侍女原碧有染，王临担心丑闻败露，便想先下手为强，干掉王莽。王临有没有跟妻子刘愔商量过这事，史书上没有记载，但他竟然是在观星象之后才下了谋反的决心，这让王莽有理由相信这里面有刘歆这个谶纬和星象大师的参与，所以史书上才有"临本不知星，事从愔起"这样奇怪的说法。王临死后，刘愔也自杀了，刘歆与王莽从亲家变成了死敌，但王莽对此似乎并无察觉。

随着时间的推移，刘歆对王莽的仇恨越来越深，但王莽却以为这个老朋友并不会在乎女儿的死，毕竟，他自己就曾为了赢得好名声而杀死儿子王获。加上多年的权力斗争，此时的王莽已经成了一个冷血动物，为了他的"圣贤大业"，他可以舍弃一切，哪怕是人伦亲情，也不会被他重视。除非有人挑战他的权力底线，他才会痛下杀心。

公元 23 年，就在王莽政权身处风雨飘摇之中时，刘歆终于作出了人生中最关键的一次抉择：反叛王莽，取而代之。《汉书》上有记载："先是，卫将军王涉素养道士西门君惠。君惠好天文谶记，为涉言：'星孛扫宫室，刘氏当复兴，国师公姓名是也。'涉信其言，以语大司马董忠，数俱至国师殿中庐道语星宿，国师不应。后涉特往，对歆涕泣言：'诚欲与公共安宗族，奈何不信涉也！'歆因为言天文人事，东方必成。涉曰：'新都哀侯小被病，功显君素耆酒，疑帝本非我家子也。董公主中军精兵，涉领宫卫，伊休侯主殿中，如同心合谋，共劫持帝，东降南阳天子，可以全宗族；不者，俱夷灭矣！'”看来，王莽最害怕的还是曾经帮助过自己的谶纬之说反过来伤害自己，而刘歆竟然也相信这套鬼话，并在反复思虑后决定谋反。在刘歆联合王涉、董忠等人谋反失败后，大量参与者被诛杀，刘歆也在怨愤中自杀了。

王莽和刘歆之间的关系是复杂的，他们曾经互相帮助、互相成全，但最后也因谶纬之说和狗血的宫廷悲剧成为死敌，刘歆谋反虽然很快被平息了，但此事对王莽的伤害非常大。这的确有些不寻常，毕竟，铲除死敌应该是值得高兴的事，王莽为何如此痛苦呢？说到底，这还是跟谶纬和儒学的问题有关。客观来说，刘歆和王莽本来是志同道合的朋友，如果不是卷入乱纷纷的宫廷政治，两人或许能成为学术上的伙伴，共同探讨圣贤学问，不亦乐乎。然而，西汉末年的形式和王莽的个性决定了他们的伙伴关系不可能长久，而对谶纬笃信不疑的王莽又需要借助刘歆的能力完成自己的篡权任务。

王莽篡权也好，后来的改制也罢，本质上是一种理论（或者说是假象）先导的行为，既然刘歆的研究能帮助他，那么也可能会毁掉他，这正是虚假的意识形态的脆弱之处。因此，刘歆反叛王莽，不管成功与否，都证明了王莽这套新政从道义上完全破产，其合法性会受到更多人的质疑。因此，王莽后来身死国灭，与刘歆的反叛密不可分。

刘歆没想到自己并不是天命所言的明日帝王，而真正的帝王刘秀正在崛起。公元 23 年，刘秀在昆阳大战中名声大噪，获得了绝对的胜算，

唐代画家笔下的光武帝刘秀

公元 25 年，刘秀登基，东汉开国，刘秀攻灭群雄，终于让陷入战乱与分裂中的国家再度统一。从公元 23 年到公元 25 年，短短两三年时间，天命发生了奇妙的“转移”，或者说，从一开始，天命就不在王莽和刘歆那里，刘秀从起兵到称帝，时间之短、效率之高、战绩之强，实在令人称奇。如果太史公再世，恐怕也会像慨叹“沛公殆天授”一样，给刘秀在历史上留下称赞的一笔。

可刘秀称帝后，也念念不忘那个《赤伏符》及其谶纬语预言。其实《赤伏符》所提到的内容，只有“刘秀发兵捕不道，四夷云集龙斗野，四七之际火为主”这几句，但这未必是谶纬的原貌，极有可能是刘秀为自己的统治合法性而运作的结果。因此，《后汉书》也好，《资治通鉴》也罢，有关《赤伏符》的记载都是如此。反正刘秀已经成功，他如何阐释《赤伏符》，都是很容易的事，而民间有关这段谶纬的记忆，也在历史的跌宕里不断模糊，以至于到了隋唐之后，一提起“刘秀当为天子”这句话，就跟《赤伏符》结合起来，至于其中的复杂关系，反而难以考证了。至于刘歆改名刘秀之事，也因为他谋反失败，而且跟王莽有着说不清道不明的关系，成为被污名化的人物，其儒学成就也未得到公正的评价。

两汉之际围绕两个刘秀展开的种种事件，最终以光武帝刘秀的胜出画上了句号。但它带来的问题，在后世难免会再次上演。谶纬之说，一旦跟政治紧密结合，就难免成为被各方争夺的话语力量，以至于到了后世，即便没多少人还相信谶纬，但也没人敢忽视谶纬的力量，这种力量似乎在冥冥之中写就了历史的未来，可又有多少人能绕过它们，塑造一套与谶纬无关的权力体系呢？这个问题贯穿着古代史的始终，一直没得到解决，因为宫廷政治和权力斗争的神秘性、封闭性，就决定了它和谶纬难以分离的关系，其中的真真假假，又怎能分得清呢？

司马懿的果子

近年与司马懿有关的故事逐渐成为舆论关注的热点。其实，不论是作为文学形象还是历史人物形象，司马懿多年来一直处于不冷不热的尴尬状态。说他不热门，大概要归咎于他在主流历史事件中“登场”太晚，在三国相关的文学作品中，他在群雄逐鹿和鏖战中原的阶段基本没有存在感，司马懿的“高光时刻”在于和诸葛亮的斗智斗勇阶段，而在诸葛亮死后，便进入了三国故事里相对“不那么好看”的尾声阶段，不少人把司马懿当作三国故事中的收尾人物，大致与这些因素有关。

但事实上，三国故事（包括小说、评书和戏剧）的重心却不是三国时期，而是三国前的东汉末年，罗贯中原著大篇幅的笔墨，实际上集中在建安年间的政治与军事纷争，至于真正的三国时期，恰恰以浓缩的笔法来叙述了。如此一来，本来在三国历史上扮演重要角色的司马懿，在小说里，也变得似乎没那么重要了。

不过，这并不能归咎于历代三国故事的叙述者，从权术谋略上看，司马懿自然有可圈可点之处，但在儒家主导的忠义文化观念的大环境下，司马懿和司马家族在国史上的形象，大多时候是负面的。

尽管直到司马炎才真正一统三国，终结乱世，但历代文人学者普遍

河南许昌曹丞相府的曹操像

认为，司马懿是三国终局大势的实际开创者，如同曹魏代汉，首功在于曹操而非曹丕，经由司马懿、司马昭、司马炎三代接续才从曹魏手中得到皇权，首功则在于司马懿。但是，司马懿形象负面化，其秘密恰恰隐藏在这个看似漫长、平静实则紧张、剧烈的博弈中。

得国不正，是历代史学家诟病司马氏的首要因素。历代帝王取得天下，非常规方式无非是以下几种情况：禅让、农民起义、军事政变和宫廷斗争。儒家典籍里的远古圣王禅让之道，还没经由信史验证，此处暂且不表。刘邦、朱元璋往往被视为古代皇朝中得国最正者，正在于他们是平民出身（朱元璋连平民都不算，是彻底的底层赤贫），凭借实力终结乱世，可谓顺应民心。宫廷政变是历代最不齿的得国手段，它既与平民百姓的诉求无关，手法也不够光明，纯粹是统治者内部权力的游戏。可惜的是，司马氏得天下，靠的正是内部宫廷斗争和外部军事政变的手段。

《晋书》有记载："明帝时，王导侍坐。帝问前世所以得天下，导乃陈帝创业之始，用文帝末高贵乡公事。明帝以面覆床曰：若如公言，晋祚复安得长远！"由此可见，司马氏篡权手段之阴狠，连自己的后代都感到羞耻。当然，任何古人言行都要还原到当时的历史现场去看，晋明帝偏安江南，想起昔日祖辈经略中原之事，常理是怀念曾经的荣光，进而激励困顿中的自己。但晋明帝此时的想法，恐怕更接近川蜀的刘备集团，或者江南的孙吴集团，对那些割据政权会有更强的代入感，这样的同理心也是可以理解的。不过，新朝廷以开国祖先之事为耻，在历史上还是颇为罕见，更何况还对国祚绵延时间产生了怀疑。

每个朝代都有自身合法性的来源。对司马氏得国合法性的质疑，从晋明帝的言论中已然呈现，其实，在此前和此后，有关的怀疑，始终未有中断。如果说司马懿和曹氏的斗争还是时明时暗、若隐若现的，司马昭弑君则彻底撕掉了遮羞布。从秦灭六国算起，弑杀非亡国之君进而篡权者，只有两例，之前一次是赵高杀嬴胡亥，但赵高无力掌控局势，直接导致了秦汉之际的天下大乱。赵高的名声在历史上就不必说了，司马昭杀死曹髦，破坏了此前延续几百年的权力更替原则。即使是再激烈的斗争，不杀前朝之君，也是一个基本原则，若破此原则，则会失去天下士人的信任，新政权的合法性也会被质疑。

那么，西晋开国后，又是何种景象呢？不看国家典章和勋贵朝臣的言论，单从当时一个级别不高的官员李密身上，也能捕捉到蛛丝马迹。人们熟知的李密所撰的《陈情表》，可谓恳切委婉，深情动人，但其中也有对司马炎的吹捧之词，以求获取不赴召而养母的机会。但即便李密称“伏惟圣朝以孝治天下”，也不过只点明了以孝治国，没提“忠”字，而时人思想中忠孝本不可割裂，上至高官，下至草民，对新皇帝和新政权的认同，很大程度上也需要“移孝作忠”的思维观念。

司马氏得国不正与西晋开国合法性的缺失，让“忠”这个维系古代社会秩序的重要元素，无法成为新政权宣扬的道统。司马氏忌惮篡权弑君的故事同样会降临在自己头上，就只好用锦衣玉食、香车宝马和美色佳人来满足群臣和勋贵的欲望。既然没法占据道义的制高点，就只能用世俗利诱来收买人心了。

正因此，西晋开国不久，不仅没有兴盛的气象，反而尽显亡国迹象。后人记忆里的西晋掌故，要么是奢侈荒淫，要么是悲怆怪诞，此前此后，也很少有统一的中央集权王朝能在如此短暂的时间里，从上到下腐朽糜烂。晋武帝羊车恣性，晋惠帝不食肉糜，晋怀帝青衣行酒，晋愍帝流亡受辱，这是西晋四朝皇帝给后人留下的形象，更兼有王恺石崇斗富、贾南风乱政擅权、八王之乱和永嘉之乱的旷古灾祸。直到只有 51 年国祚（如果从统一三国算起只有 37 年国祚）的西晋被匈奴人灭掉，

晋武帝司马炎画像

中原生灵涂炭，异族南下，国家开始进入血雨腥风的大乱世。

不言而喻，得国不正还不是最致命的，若新政权能开创一代盛世，并让繁花锦绣的朝代绵延赓续下去，其合法性的缺失也能被一点点弥补。譬如李世民杀兄逼父，玄武门之变成为他心头终生难去的阴影，但因为其治国有方，仍被认为是史上一代明君。但西晋从权力中枢就开始腐化堕落，以至于让中原首次沦丧于蛮族之手，在古人来看，如此罪愆可谓遗毒深远。只是，古人不懂现代社会科学方法论，因此会将西晋的覆灭全部归罪于司马氏德行的缺乏，十六国中后赵开创者石勒也讥讽司马氏，“大丈夫行事，当礌礌落落，如日月皎然，终不能如曹孟德、司马仲达父子，欺他孤儿寡妇，狐媚以取天下也”。

古事今读，自然不能单纯地将政治变动和时代裂变归咎于历史人物的道德品行，更何况，在当时的政治险境下，司马懿始终得不到曹氏宗族的信任，即使其后人不争权力，也难保司马家族平安。至于其中有多少狼子野心的因素，又有多少被逼自保的成分，已经难以量化确知。于今看来，只能从制度变迁上，推演其政治迭代里露出的玄机。

李世民在为《晋书》所撰史论中道，“虽登封之礼，让而不为，骄泰之心，因斯而起。见土地之广，谓万弃而无虞；睹天下之安，谓千年而永治。不知处广以思狭，则广可长广；居治而忘危，则治无常治。加之建立非所，委寄失才，志欲就于升平，行先迎于祸乱”。尽管这里面有他以史为鉴、为本朝开明论述道统的意味，但对西晋政治制度之凋敝的批评，仍是一针见血的。

人才流动渠道的堵塞，以及统治集团内部的堕落，让西晋开国之初就有亡国之象。西晋产生了空前严重的门阀现象，“上品无寒门，下品无士族”，出身成为一个人能否晋级的根本因素，庞大帝国不能施行贤能政治，国家资源悉数由门阀掌控。西晋开国大搞分封，本意是为了巩固司马氏统治，却为后来八王之乱埋下伏笔。而在土地制度上，西晋实行占田制，给予了官僚士族占田、荫客、荫亲属等特权，让门阀贵族能更持久地控制土地资源和税收。国家制度没能顺应民心，只是满足了统治集团的私欲，这比获取政权缺乏道义上的合法性危害更大。

但是，也不必将门阀制度的腐朽归因于司马氏一族，这个账更算不到司马懿头上。士族起源于两汉的地方豪族，演变为门阀制度是历史趋势，权术谋略与历史的惯性相比，实在是太过渺小的力量。东汉时的王符在《潜夫论》中有言，“虚谈则知以德义为贤，贡荐则必阀阅为前”。读书人在豪强势力面前难有自保之力，时局变动之际，即使如王公勋贵，也如草芥般会随风摇摆。司马懿及其后人造就的新王朝，不过是在历史长河中变幻的瞬间，当门阀兴盛的时光散去后，历史只空留下跌宕与零落的印记，“旧时王谢堂前燕，飞入寻常百姓家”，便是对历史最深沉的脚注。

南朝宫廷内外的奇诡事件

两晋南北朝时期的多数时间都是天下腥膻的乱世，也出了很多昏恶无比的国君，其中以南朝刘宋政权为最。而其他割据政权，也多有残暴君主，在北方割据政权中，前秦厉王苻生就是这些暴君中最为残暴者之一。

从公元355年到公元357年，苻生在位仅两年，但他大肆杀戮、血洗朝廷，刚刚兴起的前秦就被他祸害到了几乎崩溃的地步。苻生的性格变态，大概跟受过创伤有关，他在很小的时候就显现出令人惊愕的残忍，连他的爷爷苻洪都厌恶他，甚至要杀掉他。据《晋书》上记载："（苻）生无一目，为儿童时，洪戏之，问侍者曰：吾闻瞎儿一泪，信乎？侍者曰：然。生怒，引佩刀自刺出血，曰：此亦一泪也。洪大惊，鞭之。生曰：性耐刀槊，不堪鞭捶。洪曰：汝为尔不已，吾将以汝为奴。生曰：可不如石勒也。洪惧，跣而掩其口，谓健曰：此儿狂勃，宜早除之，不然，长大必破人家。健将杀之，雄止之曰：儿长成自当修改，何至便可如此！健乃止。"

史书上评价苻生"幼而无赖"，大概是精准的，而且苻生长大后的行为也验证了苻洪的担忧。公元355年，苻生即位后，几乎不理朝政，醉酒嗜杀，奸淫作恶，简直毫无人伦底线。如果说历史上有些昏君还有点昏恶缘由的话，那苻生这样的暴君，就是赤裸裸的邪恶，甚至让人找不到作恶的理由。

《晋书》对苻生的恶事记载很多，此处不一一引述。其中对朝廷稳定破坏最大的，就是他宠溺奸臣，滥杀无辜。苻生即位之初，有之前苻健留下的八个顾命大臣，来辅佐皇帝处理政务。应当说，苻健对苻生是一片良苦用心，这八个大臣在当时也是赫赫有名的忠臣贤良，分别是太师鱼遵、丞相雷弱儿、太傅毛贵、司空王堕、尚书令梁楞、尚书左仆射梁安、尚书右仆射段纯、吏部尚书辛牢。从职位上看，他们都是股肱重臣，掌握行政、军事等方面的大权；从既有史料上看，他们没有架空苻生的打算，反倒是忠心耿耿地辅佐苻生。

然而，这几个前秦重臣后来被苻生悉数杀害。苻生刚刚即位就要改年号为"寿光"，段纯仅仅因为提了几句反对的话，就激怒了苻生而被杀；几个月后，苻生又以"三年内国有大丧，大臣戮死"的奇葩理由杀掉了毛贵、梁楞、梁安；即位第二年，以刚直不阿著称的王堕，因为得罪了苻生的宠臣董荣而被杀害；同样是在这一年，苻生又在毫无征兆的情况下杀掉了辛牢，罪名居然是他在酒宴中没有喝醉酒。在当时，除了个别苻生的宠臣，朝廷上下可谓人人自危，每个人都担心自己是下一个被杀害的对象，而他们的死，也势必造成家族的灭顶之灾，被屠戮的家族不计其数。

到了苻生即位的第二年，也就是他在位的最后一年，最有实权的太师鱼遵与丞相雷弱儿也被杀了。而且，还是极其残酷的株连灭族。《资治通鉴》上记载："（苻生）诛太师、录尚书事、广宁公鱼遵并其七子、十孙。"雷弱儿家族的结局更惨，"（苻）生杀弱儿及其九子、二十七孙"，雷弱儿本来是归附前秦的羌族首领，在羌族中有很大的影响力，因为其家族被诛杀，整个羌族的部众都开始反抗前秦的统治，史书上说“于是诸羌皆有离心”，应当是不夸张的。

苻生这样做并不只是简单的权力斗争，因为他不仅滥杀功臣，对黎民百姓更是凶残至极，其行为简直是罄竹难书。《晋书》上记载，苻生曾在路上看到一对面貌清秀的年轻兄妹，竟命令他们结成夫妻，并要当街交媾。这对兄妹当然不从，但这却惹怒了苻生，他当即拔出佩剑杀死了他们。苻生对淫乱的兴趣到了令人无法理解的地步，他曾要求宫人与近臣裸体交媾，而且要当着他的面做这种毫无人伦的事情。

除此之外，苻生还特别变态嗜杀，《晋书》上记载：“（苻生）剥牛羊驴马，活爓鸡豚鹅，三五十为群，放之殿中。或剥死囚面皮，令其歌舞，引群臣观之，以为嬉乐……至于截胫、刳胎、拉胁、锯颈者动有千数。”看来，一般的刑法不能满足苻生的变态欲望，他喜欢看人被各种酷刑折磨的惨状，并且以此为乐。这样做的结果，史书上说得也很清楚：“宗室、勋旧、亲戚、忠良杀害略尽，王公在位者悉以疾告归，人情危骇，道路以目。”

苻生的结局，跟历史上很多昏恶残暴的君主一样，年纪轻轻就横死于他人之手。苻坚起兵后，很快便攻入了苻生的内室，那些被他折磨得畏惧不堪的大臣，看到这种情况，便陆续向苻坚倒戈。《晋书》上记载：“（苻）生犹昏寐未寤。坚众既至，引生置于别室，废之为越王，俄而杀之。生临死犹饮酒数斗，昏醉无所知矣。时年二十三，在位二年，伪谥厉王。”

在苻生之后一百多年，南朝刘宋政权出了个前废帝刘子业。从谥号上看，就知道这个朝代有多昏恶了，一个废帝不够，还出了两个废帝，但刘宋担得起“废帝”称号的昏君其实还不止两个。一个朝代末年出现昏君，倒也不是稀罕事，但在朝代的延续过程中连续出现好几个昏君、暴君，这在历史上极其反常。

刘子业的昏恶程度不亚于苻生。史学家沈约历经宋、齐、梁三朝，既是历史的记述者，也是历史的见证人，他写《宋书》的时候距离刘子业的统治时期不算太远，相关史料可信度应该很高。在他的记述下，刘子业是个不折不扣的混世魔王，是个心理变态的暴君。《宋书》上记载："时废帝狂悖无道，诛害群公，忌惮诸父，并囚之殿内，殴捶凌曳，无复人理。休仁及太宗、山阳王休祐，形体并肥壮，帝乃以竹笼盛而称之……"虽然这些叔叔的年纪也不大，但被刘子业这般羞辱，实在是有悖人伦。

尤其是叔叔刘彧，因为身体肥胖，就被刘子业格外嘲弄，他曾"以木槽盛饭，内诸杂食，搅令和合，掘地为坑阱，实之以泥水"，然后便让刘彧裸身对着木槽像畜生一样啃食，刘彧为了保命，不得不从。即使如此，刘子业还是想方设法要杀掉他，有人出了个"主意"，说先不着急杀刘彧，等皇太子出生后，再杀了刘彧取其肝肺来吃。面对这样一个荒唐的建议，刘子业竟然接受了，但等皇子生下来，他又大赦天下，于是忘了要杀刘彧的事情。

但刘彧可没忘刘子业这个混世魔王，有他在一天，自己就性命难保。见惯了宗室仇杀的刘彧，决定先发制人。刘彧得知此事后发现刘子业特别迷信鬼神之事，便想出毒计来实施复仇计划。据《宋书·卷七·本纪第七》记载："（刘彧）与左右阮佃夫、王道隆、李道儿密结帝左右寿寂之、姜产之等十一人，谋共废帝。戊午夜，帝于华林园竹堂射鬼。时巫觋云：此堂有鬼。故帝自射之。寿寂之怀刀直入，姜产之为副。帝欲走，寂之追而殒之，时年十七。"

刘子业神神道道地在"射鬼"，没想到遭遇刘彧及其亲信的屠戮。在他短短两年的在位时间里，杀掉了大量血亲和大臣，其屠戮手段之残忍，毫不亚于苻生，而且，他比苻生还多一个侮辱祖宗的骂名。《资治通鉴》上记载，刘子业在被杀前半年，做了一件羞辱先皇孝武帝刘骏的事情："帝令太庙别画祖考之像，帝入庙，指高祖像曰：渠大英雄，生擒数天子。指太祖像曰：渠亦不恶；但末年不免儿斫去头。指世祖像曰：渠大齄鼻，如何不齄？立召画工令齄之。"因为刘骏有"齄鼻"，也就是酒糟鼻子，就被刘子业这般羞辱，还让画工补上这一相貌特征。这在古代属于丧尽天良之事，即使对他人残忍的君王，也未必会羞辱祖宗，昏恶的刘子业却毫不在意这些，他似乎从没考虑过人性、人伦这些东西，只是凭着动物一样的本能任性而为。

然而，刘子业的昏恶只不过是刘宋政权宫廷乱象的一个代表，当时整个宫廷似乎都处于极度的淫乱和血腥中，甚至连刘子业的亲姐姐山阴公主刘楚玉，也是出了名的"乱伦公主"。《晋书》上记载："山阴公主淫恣过度，谓帝曰：妾与陛下，虽男女有殊，俱托体先帝。陛下六宫万数，而妾唯驸马一人。事不均平，一何至此！帝乃为主置面首左右三十人。进爵会稽郡长公主，秩同郡王侯，汤沐邑二千户，给鼓吹一部，加班剑二十人。帝每出，与朝臣常共陪辇。"山阴公主观念如此"开放"，刘子业毫不在意，他虽然嗜杀，但对山阴公主却格外宠幸，哪怕人家已有丈夫何戢，但两人间仍有说不清道不明的关系。

山阴公主的好色不只在于找了三十个面首，还在于她主动勾引当时著名的美男子褚渊。褚渊不仅相貌非凡，气质文雅，还家世良好，名声极好。更要命的是，褚渊是出了名的好好先生，虽然多金且有弹奏琵琶等才艺，却有保守的伦理观念，绝不像其他勋贵那样做不合伦理的事情，尤其在男女之事上，向来有好口碑。但就是这样一个近乎完美的人，却被山阴公主盯上了，她找刘子业帮忙，想尽办法要得到这位美男子。据《宋书》记载："楚玉肆情淫纵，以尚书吏部郎褚渊貌美，请自侍十日，废帝许之。渊虽承旨而行，以死自固，楚玉不能制也。”褚渊之所以不答应山阴公主的渴求，除了自己已有家室外，还在于从辈分上讲，他是山阴公主的姑父，不想作出乱伦的事情。山阴公主实在按捺不住心中的渴求，在家中好生伺候褚渊十天，想尽办法勾引他，但褚渊仍是面不改色，并声称若非要强迫他做乱伦之事，自己只好以死明志。

娇媚多姿的山阴公主什么场面没见过？但她使出浑身解数，竟也搞不定这位美男子，可见褚渊定力之深。或许，也正是褚渊的定力保护了自己，在此后的政权迭代中，褚渊不仅没被波及，反而官位逐步上升，一生享尽荣华富贵，在混乱的刘宋政权中算少有的得善终之人。而山阴公主也为自己的淫乱付出了惨痛的代价，在刘子业被刘彧诛杀后一个月，她也因“淫乱纵慝，义绝人经”的罪名被杀，“慝”是奸恶之义，在古代只有极恶之人才会得到如此评价。

山阴公主被杀时的具体年龄，史书上没有记载，但结合其身前经历大概是在二十岁，甚至更小，而刘子业被杀时才十七岁。换言之，是两个正处于青春期荷尔蒙极端旺盛阶段的年轻人，用颠鸾倒凤的本事把朝廷内外搞得一团糟。

后世在批评昏君的行为时，往往忽视了年龄这个因素。纵观中外历史，很少有十二岁以前的统治者被称为昏君，这个年纪的人正是爱玩耍的时候，天性调皮而已，做不出来多少伤天害理的事情。但进入青春期后，尤其是性欲萌发后，人就会变得有攻击性，围绕欲望展开的各种荒唐行为，也就不令人意外了。刘子业、山阴公主正处于荷尔蒙最旺盛的年纪，若不是帝王皇亲，他们的行为必然会受到约束。但是，他们的权力几乎是不受制约的，便开始纵欲享受，为所欲为。

尤其是刘子业，与其说他的淫乱是没有道德观念所致，不如说是因为青春期欲望的极度扩张。没有了伦理和权力的束缚，他可以无限纵欲，只要他想得到女色的抚慰，就可以立刻实现。长此以往，势必会造成刘子业分不清性欲和情欲的区别，更不可能获得爱情意识。从某种意义上讲，用伦理来压抑青春期的性冲动，再用文化来感召青春期的性意识，就会形成较为稳定的两性观念，从而滋养对美好爱情的向往。而刘子业对待其他女性基本上就是性欲主导的态度，只要是漂亮姑娘，不管是不是自己的血亲，都会如饿狼扑食一般“俘获”对方，甚至对方不是美女，刘子业也有可能产生强烈欲望。

当然，刘子业极度纵欲的结果，就是自己更快地死于非命。他可能到死都不明白，自己为什么会被刘彧记恨，哪怕他当年那般羞辱刘彧，身边人都看出来对方可能会反戈一击，刘子业却毫无提防。只能说，他根本没有基本的处世观念，连自己的言行得罪了人都浑然不觉，这跟他小时候得不到健康成长的环境有直接关系。

在刘子业之前，刘宋历代皇帝，几乎没有得善终者。开国皇帝刘裕当了一辈子的武夫，在年事已高、快走到生命尽头的时候才开国称帝，干了两年就去世了。享国时间这么短的开国皇帝，在历史上并不多见。其后是少帝刘义符，他在位一年就被废了，其后被权臣所杀。文帝刘义隆继位后，虽出现了短暂的元嘉之治，他的结局却实在凄惨，因为设太子之事，竟被儿子刘劭所杀，三个月后，刘劭又被刘骏所杀，刘骏即位，便是刘子业的前任皇帝孝武帝。

刘宋国运的转折点大概就从刘劭弑父开始，这一年是公元 453 年，当时刘子业才四岁。或许刘子业最初的记忆，就是父亲刘骏提着血淋淋的长剑，在朝堂之上耀武扬威的景象。刘子业忘不了那些权臣们的恐惧眼神，也始终记得刘劭死去的惨状，但他却不认为父亲这样做有什么不好，毕竟，被杀的刘劭做的事情，更没有人伦底线，更无法无天。在这种恐怖与变态的环境里长大，形成了刘子业嗜血和淫荡的性格，几乎是必然的。更何况，他父亲刘骏也不是什么正经人，虽一度励精图治，但他大肆诛杀家族成员，宗室内乱便由此开始。他还沉溺于荒淫美色之中，至于奢靡浮华的生活，更是不值一提。刘子业的原生家庭如此不堪，他能有正常的三观和性格，才是让人奇怪的事。

从刘劭到刘骏，再到刘子业，刘宋皇族的内部倾轧愈演愈烈，这就是个绞肉机的体制，包括皇帝在内，几乎没人能幸免于难。在当时，皇帝也好，权臣也罢，二三十岁就死掉的，乃至几岁、十几岁就被杀的，比比皆是，朝堂之上可谓人人自危，宫廷之内可谓淫乱腥膻，因为寿命不长且危机四伏，很多人都有混世情结，正如后世所言"今朝有酒今朝醉"，他们不尽情纵欲、享受现有的声色犬马，又能如何呢？

刘子业死后，刘彧即位，是为宋明帝。但刘彧的行为实在称不上"明"，不仅继续着前任的杀戮路线，还激怒了其他宗亲，造成了义嘉之难，刘宋的半壁江山都落在刘子勋的手中。虽然刘彧最终平定了刘子勋的反抗，但刘宋江山已经摇摇欲坠，刘氏执政的合法性荡然无存，皇族陷入了空前的孤立中。刘彧在位七年，驾崩的时候也不过37岁。

除了荒淫无道之外，刘彧留给朝廷的一大隐患，就是继任者合法性存疑。民间有说法认为刘彧后来丧失了生育能力，太子刘昱是大臣李道儿的孩子，因为他曾经把夫人陈妙登送给李道儿，又把陈妙登要了回来。这个奇怪的过程，很让人怀疑刘彧的动机。史书上也记载："始有宠，一年许衰歇，以乞李道儿。寻又迎还，生废帝，故民中皆呼废帝为李氏子。废帝后每自称李将军，或自谓李统。"看来，连刘昱即位后，也不承认自己是刘彧的孩子，公然自称"李将军"，这种荒唐举动让旁人惊愕，看来，刘宋的国运真的是要走到尽头了。

刘昱既然是后废帝，必然有其昏恶之处，他在位时间五年，作恶程度竟然超过了刘子业和刘彧。《资治通鉴》记载："（刘昱）常著小袴衫，营署巷陌，无不贯穿；或夜宿客舍，或昼卧道旁，排突厮养，与之交易，或遭慢辱，悦而受之。凡诸鄙事，裁衣、作帽，过目则能；未尝吹篪，执管便韵。及京口既平，骄恣尤甚，无日不出，夕去晨返，晨出暮归。从者并执鋋矛，行人男女及犬马牛驴，逢无免者。民间扰惧，商贩皆息，门户昼闭，行人殆绝。针、椎、凿、锯，不离左右，小有忤意，即加屠剖，一日不杀，则惨然不乐；殿省忧惶，食息不保。”从史书记载来看，刘昱简直就是个杀人恶魔，本该是童言无忌的年纪，他却嗜杀成性，没有任何理由就随意虐杀人。

作为皇帝，他却喜欢穿着破烂衣衫，到大街上和地痞流氓混在一起嬉闹，有时候随意睡在大街上，也根本不让别人管。《宋书》还把刘昱的残暴举动记在了他的本纪里：“有白棓数十枚，各有名号，针椎凿锯之徒，不离左右。尝以铁椎椎人阴破，左右人见之有敛眉者，昱大怒，令此人袒胛正立，以矛刺胛洞过。”刘昱随身携带各种变态武器，随时随地杀掉他看不惯的人，如果旁边有人因此生出怜悯的表情，他就把这些人一并杀掉。古书上记载的桀纣暴行，也不及刘昱的一半。如果他只是个“疯孩子”就罢了，但他的昏恶却毁掉了整个国家。刘昱甚至一天不杀人，就觉得浑身不自在，导致宫廷内外都笼罩在死亡威胁的恐惧里。

刘昱滥杀大臣，其凶残和任性程度，也超过了前废帝刘子业。正所谓“内外百司，人不自保，殿省忧遑，夕不及旦”，刘昱身边的忠臣，被他杀掉了大半，刘氏皇族的人，也被他清理了大半，以至于到了刘昱在位的后期，本来就出身寒门的刘家已经没多少王公血亲了。没有死于外敌而覆亡于自家人之手的皇族，在中国古代历史上仅存此一例。

有一次，刘昱发现亲信孙超身上有股蒜味，便好奇他到底吃了什么，竟然命人剖开孙超的肚子。还有一个叫沈勃的大臣家中殷实，刘昱便打起了他的主意，完全没理由地带刀冲入其家中，把正在家中居丧的沈勃当场处死。

不久后，刘昱的凶残终于引来了杀身之祸，因为他得罪了大将军萧道成。《资治通鉴》上记载：“时盛热，萧道成昼卧裸袒。帝立道成于室内，画腹为的，自引满，将射之。道成敛板曰：老臣无罪。左右王天恩曰：领军腹大，是佳射堋；一箭便死，后无复射；不如以骲箭射之。帝乃更以骲箭射，正中其脐。投弓大笑曰：此手何如！帝忌道成威名，尝自磨鋋，曰：明日杀萧道成！陈太妃骂之曰：萧道成有功于国，若害之，谁复为汝尽力邪！帝乃止。”

虽然身边人劝刘昱放过萧道成，但“明日杀萧道成”这样恶狠狠的话，实在让萧道成无法放心。萧道成担心自己会成为下一个被屠戮的权臣，毕竟在他之前，已经有太多人死在这个昏君手里了。他因此产生了谋逆之心，其实也很好理解，与其死得不明不白，不如反戈一击，拼死相搏，或许还能险中求胜，死里逃生。公元477年夏天，萧道成收买了刘昱身边的二十几个侍从，借机杀掉了这个昏君。其后，萧道成扶立一个傀儡皇帝刘准，两年后，公元479年，萧道成改元称帝，是为齐太祖，自此刘宋政权被南齐取代。

纵观刘宋短暂的历史，会发现有一半的皇帝都不太正常，甚至昏恶无比，除了前面提到的家族因素外，思想层面的因素也导致了这一切。从魏晋以来，曾经辉煌的儒学与正统观念遭遇了空前的冲击，道家与玄学的清谈观念与生死观念影响着读书人，也影响着皇族的文化。南朝的四大家族，刘宋皇族竟不在其中，在门阀政治占据主流的当时，刘家其实面临着意识形态和家族延续上的困扰。

换言之，刘裕篡权自立，从一开始就不具备合法性，而且刘裕本是寒门子弟，尽管篡权称帝成功，但他建立的政权仍是与其他门阀大族的

“合作模式”，某种意义上算是一种“共治”。更何况，刘家缺乏深厚的文化底蕴，时常有攀附望族文化风尚的行为，而其他大族的奢靡之风，也影响了刘家对时局的态度。所以从这个角度上讲，就不难理解从元嘉之后，刘家越来越纵欲的原因，直至在残暴和淫乱的影响下，朝廷内外一片混乱，最终毁掉了这个本来就不强大的皇族。

如果说，东晋与南朝的文人崇尚奢靡而放浪形骸，或许还不至于动摇国家的根基。但当皇帝也崇拜这种所谓的“名士之风”时，必然会导致治理失灵与权力瓦解。这些南朝昏君身处其中，不可能对原生环境和纵欲之风有所反思，这才是让人真正觉得悲哀的地方。尤其是那些刚进入青春期的小皇帝、小公主们，他们真的明白自己在做什么吗？在一个失控的皇权体制里，他们也只能在昏恶中出生，在昏恶中死去，但在历史上留下恶名的，又岂止是刘子业、山阴公主和刘昱这些年轻人？

淝水之战与前秦梦碎

不知是偶然还是必然，从三国到两晋的几次有转折意义的战争，大多都是交战双方兵力悬殊的情况，但最后都成为所谓的“以少胜多的经典案例”。昔日袁绍败于官渡，此后曹操败于赤壁，刘备败于猇亭，直到苻坚败于淝水，虽然失败原因各有不同，但都是在自以为必胜的时刻出现了不可控的因素，以至于大军溃败，甚至身死国灭。尤其是发生在公元 383 年的淝水之战，让本来有希望统一全国的前秦一败涂地，直到隋灭南陈，中间如此漫长的时间里，再也没有哪个政权有实力一统天下。

应当说，在淝水之战前，前秦的运势是非常不错的。前秦是五胡之一的氐族人建立的政权，自苻洪率领部众在混乱的北方局势中杀出一条血路后，苻氏的名声威震四海。公元 350 年，苻洪被后赵皇帝石虎的部将麻秋毒死，苻洪之子苻健愤而起兵，怒斩麻秋，两年后便创建了前秦帝国，自称大秦天王。从公元 352 年到公元 357 年，短短五年间，苻健、苻生两代皇帝先后驾崩，但也没有影响前秦前进崛起的形势。这其中苻生是历史上出了名的暴君，其凶残暴虐到了极度变态的地步，苻坚是苻生的弟弟，他在公元 357 年起兵后逼死暴君苻生，安抚人心后，便开始创造属于自己的新政。

其实，历史上对篡位者向来没有好的评价，但有一种情况例外：原先的君主太过残暴，而继任者开明有为，只有在如此强烈的对比之下，历史才会认同其篡位是合理的，因为这是顺应民心和历史潮流的行为。苻坚灭苻生就是如此，在他即位时，朝廷的昔日勋贵已被苻生屠戮殆尽了，在人心惶惶之际，苻坚一方面以仁政治天下，另一方面大力起用自己欣赏的官员，前秦终于不再被血色的恐怖所笼罩了。

《晋书》上对苻坚的生平记载比较详细，尤其是其早年经历，与历史上那些人杰一样，充满着传奇色彩："（苻坚）臂垂过膝，目有紫光。（苻）洪奇而爱之，名曰坚头。年七岁，聪敏好施，举止不逾规矩。每侍洪侧，辄量洪举措，取与不失机候。洪每曰：此儿姿貌瑰伟，质性过人，非常相也。"看来，苻坚从小就被爷爷赏识，而苻洪的认同，也代表当时朝廷勋贵们的态度。相比之下，那个暴君苻生从小就被爷爷鄙视，因为其性情残忍，苻洪竟然曾想要杀掉自己的孙子，用今天的伦理观念看，真是无法理解，其实即使在当时，这也是骇人听闻的事情，苻洪或许是看透了此人的凶残本质，才想早除后患。但前秦的幸运就在于，即使是暴君即位掌权，也能安然过渡到太平治世，这其中苻坚之所为，是最关键的因素。可以说，苻坚虽然不是前秦的缔造者，但他是让前秦真正成为大国的皇帝。

苻坚即位后，通过向四方征战，前秦的版图迅速扩大。在苻坚登上皇位之时，前秦还只占据着中原一小块土地，北方是虎视眈眈的铁弗匈奴，东北有前燕政权，西北有前凉政权，更遥远的北方还有代国，这些国家虽也无力统一北方，但都是霸占一方的强势政权，而南方的东晋王朝的实力也跨过了淮河，山东、河南的一大部分都被司马氏占据。公元359年之后，前燕和东晋在淮河一带展开对峙，双方作战各有得失，最后的结果是前燕元气大伤。

公元365年，苻坚派出大军攻灭铁弗匈奴，公元370年，前秦攻灭前燕。公元373年，原本属于东晋四川的大部分地区被前秦攻占。公元376年，前秦吞并前凉，河西走廊一带尽归苻坚之手，远在塞外的代国、柔然以及辽东一带的土地也被前秦吞并。至此，苻坚掌控的土地，已经远远超过东晋，兵力也达到数十万，自西晋灭亡后北方的混乱局面宣告结束，出现了短暂的统一与和平。

不过，苻坚的野心不只是统一北方。经过一段时间的励精图治，他自认为前秦的势力已经可以统一全国，尤其是在公元382年控制西域地区的鄯善政权后，他的信心更加膨胀。客观来说，苻坚是有底气这样想的，在他之前，中原王朝只有西汉、东汉、曹魏和西晋曾经控制过西域，其他地方割据势力能控制北方就很难得了。而且，前秦在漠北草原的统治范围，直达燕然山下，这让苻坚产生了一种可以再造大汉的幻觉，他相信自己可以创造一个新的统一的帝国。

如果不是次年（公元383年）的淝水之战，苻坚或许可以用更漫长的时间来证明自己的野心。但是，在他决战淝水之前，其前秦内部就埋下了覆亡的种子。前秦版图扩张速度太快，而开辟的土地上生活有很多少数民族，他们和前秦氐族一样，并不熟悉之前中央帝国的行为模式，对统一并没有渴求，只是想割据抗争。因此，有不少氐族表面上归属前秦的势力，实际上暗藏祸心，羌族首领姚苌的归降就是这种情况。

《晋书》的《载记》部分记录了大量有关十六国政权的历史，姚苌在其中也算是个传奇人物。史书上说他“少聪哲，多权略，廓落任率，不修行业，诸兄皆奇之”，如此评价十分符合一个枭雄的少年形象。姚苌从小就足智多谋，且不拘泥于规章制度的限制，比较有独立想法，在兄弟之间早就崭露头角了。因此，姚苌一上战场，就辅佐父亲和大哥作战，直到大哥姚襄兵败被苻坚杀掉后，他才向前秦投降。

苻坚也真是心大，不仅宽恕了姚苌，还委以重任，让他掌管大军，原先的羌族士兵也并入前秦军队。在攻仇池、灭前凉、占四川的战争中，姚苌都发挥了重要作用，并深得苻坚的信任。此时，姚苌心里到底还有没有复国大业，我们不得而知，但苻坚对他的信任是绝对不容置疑的，以至于引起了其他部将的担忧。《晋书》里有段非常有趣的记载："及苻坚寇晋，以苌为龙骧将军、督益、梁州诸军事，谓苌曰：'朕本以龙骧建业，龙骧之号未曾假人，今特以相授，山南之事一以委卿。'坚左将军窦冲进曰：'王者无戏言，此将不祥之征也，惟陛下察之。'坚默然。"

苻坚自己就是以"龙骧"成名的，他竟然封姚苌"龙骧将军"的称号，可见姚苌不只是苻坚的绝对心腹，更是彼此不分的密友，起码苻坚自己是这么认为的。史书上记载苻坚听到左将军窦冲的诤言后"默然"，是因为心里产生的一丝隐忧吗？还是仅仅因听不进去而烦恼？从历史后来的走向看，后者的可能性更大，苻坚似乎对姚苌这类异族降将毫无提防之心。

其实，苻坚的性格就是如此。在历代枭雄里，以阴谋狡诈立身者甚多，但为人坦荡自信者甚少，苻坚就是这么一个坦荡大气的人，这从他用人、用兵的风格就能看出。凡是他坚定的想法，就一定会坚定下去，几乎不可能被别人的意见改变，哪怕大多数人都反对自己，他也能力排众议、坚持己见。这种特点固然是做大事必备的素质，但如果做得过度，就是刚愎自用，早晚会被其所害。

在苻坚运势节节上升的时候，这种坦荡大气让他的形象更加伟岸，哪怕他不自称皇帝，"大秦天王"这样的称号也能让他获取部下的爱戴，但一旦陷入困境，乃至堕入绝境，苻坚这个性格就会产生毁灭性的后果，直到把自己过去所有的努力成果都毁灭殆尽。王安石曾说苻坚“好功，而不能忍，智大而不见机”，史学家吕思勉也在《两晋南北朝史》里评价苻坚“在诸胡中，尚为稍知治体者，然究非大器”，这些话固然刻薄了些，但也的确说中了苻坚性格里的弱点。

因此，在淝水之战前夕，苻坚都没察觉到最大的危险反而来自内部。其实，不是没有谋士、部将建议苻坚提防身边的危险因素，但每次建议，换来的都是苻坚的不在意。每每读史至此，我都对苻坚的性格感到费解：苻坚到底是因为缺乏权力斗争经验才作出误判，还是明知有危险仍不在意呢？

结合苻坚前后的所作所为，恐怕只能从他内心深处的理念来理解这个问题。在世风凋敝、人命微贱的当时，很多人都丧失了基本的伦理道德，尤其是在权力斗争风暴中心的帝王，为了一己之私，滥杀残暴者甚多，兄弟反目、血溅宫墙之事不绝于史书，很多人的夺权和征战之路，都是踏着无数人的尸骨前行的，而且，在连年战乱的环境里，人们对此已经麻木，也不会有多少人谴责这些暴行。但苻坚不这样想，在诛杀暴君苻生之后，他竟然放过了苻生一派的反对势力，哪怕王猛反复提醒，苻坚仍然选择宽恕他们。

不过，反苻坚的势力可不会就此罢休。苻生残暴不假，但他毕竟是苻健的儿子，而苻坚的父亲是苻雄，在苻坚即位后，此后的帝位就在“苻雄—苻坚”一系里传承了，这当然被苻健的儿子们所不容。就在苻坚忙着征战四方的时候，便发生了史上并不著名的“五公之乱”，苻生的五个弟弟苻幼、苻柳、苻双、苻瘦、苻武先后叛乱。之所以说“不著名”，是因为这场争斗只持续了两三年，参与者也没太强的感召力，本来就是一些浑浑噩噩的王孙公子，稀里糊涂地起事，最后被苻坚平定也就毫无悬念了。

虽然苻生一派的残余势力战斗力不强，但这事让一些包藏祸心的降将看到了苻坚的天真。对此，苻坚的肱骨重臣王猛却看得很清楚，比起苻坚，他更有谋略，也更为精明。其实，王猛的性格和为官风格与苻坚形成互补，两人合作时，可谓刚柔并济，相得益彰，使得前秦大业蒸蒸日上。

早在结识苻坚之前，王猛就胸怀抱负，并饱读诗书，在他早期设想里，将来辅佐的人一定要有统一天下的野心和能力，而且自己要在这人手下有较大的话语权。王猛的自我投资方法很像当年的诸葛亮，孔明若去人才济济的曹操和孙权帐下，不仅不能实现兴汉大业，更不可能有独当一面的施展空间。王猛没选择东晋，或许也基于类似的考虑，当然，东晋皇帝算不上贤明，更让他灰心丧气，在他心中，理想的君主一定要心存光明，以天下苍生为己任，如此才不负自己的一腔热血。

在东晋大将桓温北伐取得阶段性成果后，一些流落民间的文人谋士纷纷投奔其帐下，但王猛头脑更清醒，虽然跟桓温交流，但绝不效忠。《晋书》上记载的这段故事十分经典：

“桓温入关，猛被褐而诣之，一面谈当世之事，扪虱而言，旁若无人。温察而异之，问曰：吾奉天子之命，率锐师十万，杖义讨逆，为百姓除残贼，而三秦豪杰未有至者，何也？猛曰：公不远数千里，深入寇境，长安咫尺而不渡灞水，百姓未见公心故也，所以不至。温默然无以酬之。温之将还，赐猛车马，拜高官督护，请与俱南。猛还山咨师，师曰：卿与桓温岂并世哉！在此自可富贵，何为远乎！猛乃止。”

王猛扪虱谈天下，堪称一代绝唱。不愿投奔桓温，是因为看到了他可能篡位的野心。直到公元357年，王猛才遇到了生命里最大的贵人苻坚。《资治通鉴》上记载了这段吕婆楼向苻坚引王猛出山的过程："坚以问尚书吕婆楼，婆楼曰：仆，刀镮上人耳，不足以办大事。仆里舍有王猛者，其人谋略不世出，殿下宜请而咨之。坚因婆楼以招猛，一见如旧友，语及时事，坚大悦，自谓如刘玄德之遇诸葛孔明也。"这一年，苻坚19岁，王猛32岁，一个野心勃勃的年轻统帅遇到了渴望大展宏图的读书人，两人正值自己的黄金年华，在此后二十多年的时间里，他们无数次切磋对时事的看法，无数次一起展望理想国度的景象。所以，随着苻坚权威的提升，王猛的地位也步步上升，哪怕他打击了不法勋贵，苻坚也从未动摇过对他的信任和支持。

王猛的施政风格是典型的法家路子，他奖惩分明，杀伐果断，以霹雳手段打击了前秦内部的腐败势力，并制定法律来约束民众的行为。经过几十年的混战，北方政权混乱，民间的不法之徒也趁机活跃，而在王猛的整顿后，社会秩序逐渐稳定下来。相比之下，苻坚更像一个忠实的儒生，他相信孔孟之道对教化百姓的作用，特别注重教育与文化事业，他兴办学校，弘扬儒学，那些已经被边缘化的读书人看到这样的统治者，便纷纷前来归附，一时间，苻坚周围人才济济，百姓的日子也一天天好起来。《晋书》上记载当时"长安大街，杨槐葱茏；下驰华车，上栖鸾凤；英才云集，诲我百姓"，如此描述在整个十六国时期极其罕见，简直是一幅盛世景象。

如果王猛与苻坚一直这样配合施政下去，前秦再造盛世，并非没有可能。可惜，历史总在人们最意想不到的地方设置了转折。公元375年，王猛病逝，在临终时，王猛看出苻坚总有灭晋的想法，便再次提醒他："晋虽僻陋吴越，乃正朔相承。亲仁善邻，国之宝也。臣没之后，愿不以晋为图。鲜卑、羌虏，我之仇也，终为人患，宜渐除之，以便社稷。"说到底，这还是一个"天命"的问题，如果民众心中的正统仍是东晋，那么，不论前秦多么强大，想灭掉东晋都是非常困难的，更何况，前秦内部和周边还暗藏各种危险的势力，要先清除这些障碍，才可以谈统一全国的事情。

此时，距离淝水之战还有八年，苻坚在这段时间里，一直在心里谋划南下灭晋的大事，一些将军支持这项大业，但跟苻坚真正亲近的人却非常担心，或许是因为他们更了解前秦面临的形势，也更了解苻坚性格里太理想化的一面，此时，苻坚的理想主义与刚愎自用已经没什么区别了。

据《晋书》记载，苻坚的弟弟苻融曾哭着建议："吴之不可伐昭然，虚劳大举，必无功而反。臣之所忧，非此而已。陛下宠育鲜卑、羌、羯，布诸畿甸，旧人族类，斥徙遐方。今倾国而去，如有风尘之变者，其如宗庙何！监国以弱卒数万留守京师，鲜卑、羌、羯攒聚如林，此皆国之贼也，我之仇也。臣恐非但徒返而已，亦未必万全。臣智识愚浅，诚不足采；王景略一时奇士，陛下每拟之孔明，其临终之言不可忘也。"这些话，跟王猛的意思差不多，但即使他拿出王猛的临终之言，也无法改变苻坚的想法了。

公元383年，秦晋淝水之战终于爆发，苻坚率领八十万大军对阵谢安指挥的八万东晋将士。据《晋书》上记载，"坚发长安，戎卒六十余万，骑二十七万，前后千里，旗鼓相望。坚至项城，凉州之兵始达咸阳，蜀汉之军顺流而下，幽、冀之众至于彭城，东西万里，水陆齐进。运漕万艘，自河入石门，达于汝、颍"。然而，或许连东晋方面都没想到，这场决定两国生死和未来历史走向的大战，竟以特别狗血的形式宣告结束。

《资治通鉴》上讲："秦兵遂退，不可复止，谢玄、谢琰、桓伊等引兵渡水击之。融驰骑略陈，欲以帅退者，马倒，为晋兵所杀，秦兵遂溃。玄等乘胜追击，至于青冈。秦兵大败，自相蹈藉而死者，蔽野塞川。其走者闻风声鹤唳，皆以为晋兵且至，昼夜不敢息，草行露宿，重以饥冻，死者什七、八。初，秦兵小却，朱序在陈后呼曰：秦兵败矣！众遂大奔。”或许因为苻坚太过自信了，他打算等晋军渡河时对其发起猛攻，便下令原本守在河边的大军全体向后撤退。但是，苻坚的军队战线实在太长了，而且是一个混杂着不同民族和语言的超级军阵，在传递命令时出了大问题，前军转向后退，让后军以为已经战败，竟纷纷四散逃命，几十万大军陷入极度混乱中。而且，当时东晋降将朱序在乱军中散布谣言，大喊“秦军败矣”，造成军心大乱。

淝水兵败后，前秦内部的分裂势力纷纷叛变，庞大的帝国摇摇欲坠。《晋书》上记载：“苌求传国玺于坚，曰：苌次膺符历，可以为惠。坚瞋目叱之曰：小羌乃敢干逼天子，岂以传国玺授汝羌也，图纬符命，何所依据？五胡次序，无汝羌名。违天不祥，其能久乎！玺已送晋，不可得也。苌又遣尹纬说坚，求为尧、舜禅代之事。坚责纬曰：禅代者，圣贤之事。姚苌叛贼，奈何拟之古人！坚既不许苌以禅代，骂而求死，苌乃缢坚于新平佛寺中，时年四十八。”公元385年，姚苌向苻坚索要传国玉玺未果后将其缢杀，一代大秦天王终死于叛将之手。

而姚苌虽然也成为雄霸一方的割据政权之主，但他的晚年实在凄惨，直到死前，依然在谋害苻坚的阴影里无法解脱。《晋书》对姚苌的结局也交代得很清楚：“苌如长安，至于新支堡，疾笃，舆疾而进。梦苻坚将天官使者、鬼兵数百突入营中，苌惧，走入宫，宫人迎苌刺鬼，误中苌阴，鬼相谓曰：正中死处。拔矛，出血石余。寤而惊悸，遂患阴肿，医刺之，出血如梦。苌遂狂言，或称：臣苌，杀陛下者兄襄，非臣之罪，愿不枉臣。”

姚苌被噩梦阴影控制，在惊恐中死去，还连连称不是自己害死的苻坚，而是姚襄所为。在忠义观念趋于瓦解的十六国时期，姚苌的死法或许正是一个隐喻：苻坚坦荡包容，不以诡计谋天下，却不想毁于姚苌等人的悖逆中，而悖逆者也因此不得善终，其中到底孰是孰非，也只能留后世评鉴。

但是，苻坚毕竟失败了，他幻想的以仁义治天下的理念，在当时已经被蹂躏到伦理丧失的社会里，反而是一股罕见的清流，但他太过急切，太过理想化，甚至太过刚愎自用，否则也不会因为一场大战的失败就国破身死。苻坚以儒家仁义和教化思想治世的执政理念，是一个早熟的果子，最终难逃早夭的命运。这在当时天下腥膻的环境里，就显得那么孤独，那么无奈。在正统论占据话语权的历史叙述里，这一切都是苻坚和前秦无法逃脱的宿命。

契丹皇族的大漠落日

公元 1211 年（西辽天禧三十四年）秋天，虎思斡耳朵的天气依然酷热。西辽皇帝耶律直鲁古看着自己日渐老去的躯体，再也没有勇气与决心来恢复契丹先祖的宏业。皇宫里虽然歌舞四起，但他的心里却是一片山河破碎的景象。透过装饰奢华的窗户，他看到宫外街道上行人匆匆，似乎兵荒马乱的日子已经到来，散落一地的西域水果，在烈日的暴晒下逐渐腐烂，就像自己曾经拥有的庞大帝国，如今已经在蒙古与花剌子模的夹击下走向衰亡。

国家危亡之际，耶律直鲁古总会想到祖父耶律大石的英雄故事。在八十多年前，契丹人也面临着亡国灭族的危险，完颜阿骨打统率的女真人在极短时间里夺了辽朝天祚帝的天命，但耶律大石临危不惧，率领部众在西域重建了大辽帝国。然而，耶律直鲁古不是耶律大石，他在太平年代出生，战争与杀戮似乎已经成为历史，他万万没想到，自己要为这可悲的昏庸付出亡国的代价。

《辽史》对耶律直鲁古的记载只有寥寥几笔："仁宗次子直鲁古即位，改元天禧，在位三十四年。时秋出猎，乃蛮王屈出律以伏兵八千擒之，而据其位。遂袭辽衣冠，尊直鲁古为太上皇，皇后为皇太后，朝夕问起居，以侍终焉。直鲁古死，辽绝。”在耶律直鲁古如此漫长的在位时间里，当然不会只有屈出律篡权这一件大事，但这个神秘的帝国并没有给后世留下太多讯息。

耶律直鲁古引狼入室，把被成吉思汗打败的乃蛮部的王子屈出律收为驸马，却没想到屈出律反戈一击，发动政变软禁了自己。屈出律继任西辽皇帝，西辽皇权易主，耶律大石的帝国宣告结束。但契丹人与乃蛮人是完全不同的两个民族，所以屈出律的日子也不好过，他的即位导致本来就颓败的西辽日益混乱，原本归附西辽的势力纷纷叛乱，仅仅在位六年，屈出律就兵败身死，西辽国土被蒙古与花剌子模瓜分，此后随着花剌子模兵败亡国，西辽的残存势力也完全并入蒙古帝国的版图。

据学者贾从江考证，考虑到西辽契丹人的数量与当地复杂的环境，西辽大多人口未必都居住在城市或农耕区，契丹人在西辽仍保持着游牧传统，逐水草而居，而契丹皇族也很有可能并不总是住在首都虎思斡耳朵，而是延续了辽朝的“四时捺钵制”，也就是在全国多地的“捺钵”①之间游走。不论是普通契丹人，还是王公贵族，他们都没丢弃骑马打猎的爱好，这正是游牧民族的本色。这个本色曾帮助契丹人创建了幅员辽阔的帝国，但就在连寻常百姓都心存热血的时候，一国之主竟然丢掉了战斗意志，辽朝的国祚真的要绝了。

因为是末代皇帝，耶律直鲁古也没有得到庙号，只有一个汉语年号天禧，让后人记得他的国家跟遥远的中原帝国还有些许关联。耶律直鲁古退位两年后死去，虽有太上皇的虚名，但他的内心充满愤懑与不甘。契丹皇族有过两次衰亡的经历，耶律直鲁古见证了第二次。望着天边缓缓沉下的落日，耶律直鲁古想起八十多年前的历史，更加感慨而落寞，他想得很明白，自己是第二个天祚帝，而第二个耶律大石却不会再

① 指行宫。

有了。

耶律大石的时代也是一个风云变幻的时代。公元1114年，辽与北宋的疆域几乎都达到了自己历史上的巅峰阶段。辽在东面势力直达今天的库页岛一带，只要契丹人愿意，就可以直抵大海，与沿海居住的土人交换商品。在西面，辽终于降服了突厥人粘八葛部，版图延伸到了阿尔泰山一带。这个神秘的粘八葛部就是后来著名的乃蛮部的祖先，但在此时，他们却人数稀少，势单力薄，远远无法与契丹人对抗。

向来被诟病版图较小的北宋，也在此时终于降服了阿尔金山一带的黄头回纥，并建立了陇右都护府。从某种意义上讲，陇右都护府有向汉朝西域都护府效仿的意味，这让宋人产生了再造盛世的奇特幻觉，尽管当时最重要的河西走廊还被西夏牢牢控制，而西域也早就脱离中原王朝的控制，被高昌回鹘与东喀喇汗国统治了。

但这一切都随着女真强势崛起而迅速变化。公元1115年，完颜阿骨打称帝，金朝宣告建立。公元1125年，仅仅十年，辽朝灭亡，天祚帝耶律延禧流亡漠北，在夹山一带苦苦抵抗，一路上可谓损兵折将，契丹皇族多被女真人屠戮。辽朝大势已去，连天祚帝身边的人都担心自己朝不保夕，各自盘算着活命的去处，没过多久，天祚帝就被女真人俘虏。不过，契丹皇族并未因此绝嗣，重臣耶律大石在此刻登上历史舞台。他也是正宗的契丹皇族出身，是辽太祖耶律阿保机的八世孙。

《辽史》上记载："（耶律大石）通辽、汉字，善骑射，登天庆五年进士第，擢翰林应奉，寻升承旨。辽以翰林为林牙，故称大石林牙。历泰、祥二州刺史，辽兴军节度使。"这样一个文武双全的人才，断然不会让自己死在庸君天祚帝手里，他几次提出解决国家危机的办法，都得不到认同，便寻机离开天祚帝，带着少量部众向西进发，试图为辽朝寻找新的发展空间。

耶律大石这个战略是完全正确的。当时辽朝在中部与东部的国土尽被攻占，尤其是大量良田被占、被毁，辽朝多数城市、人口与资源都丢失了，再回去对抗气势正盛的金朝，无异于以卵击石。但是，辽朝西部尤其是西北部还没被战火波及，女真人还没来得及攻占漠北草原，而西域诸国也与辽关系和睦，为何不去西面找找机会？耶律大石认为，西行或许还能寻得一线生机。

每次读史到此处，我都十分钦佩耶律大石的机敏，更感喟于这些已经亡国的契丹人不放弃、不绝望的信念。在此之前，历朝各代首都一旦被占，国家基本宣告灭亡，但从辽开始，到后来的宋、明，首都被占并不等于国家全灭，即使大多数国土丢失，将士也会战斗到最后一刻。耶律大石算是一个开头（此前匈奴灭西晋是另一个特殊情况）。这或许是因为此前的朝代灭亡多因内乱，但当不得不与强大的外族作战时，反而能形成置之死地而抗争的勇气。

耶律大石此时最紧急的是需要寻找一个根据地，有了基盘，才有可能得到喘息，进而壮大队伍，恢复辽朝大业。他带领几百个契丹勇士，急行军数日，抵达了位于辽国边陲的可敦城。在这里，仍有一些忠于辽朝皇帝的士兵与百姓，既然天祚帝已经被俘，耶律大石就成了契丹人新的领袖，他们需要在一个更有智慧与勇气的领袖的统率下完成复国的梦想。在可敦城，耶律大石一面休养生息，一面了解着更遥远的西方国家的情况，他还跟不同的部落首领会面，商讨未来的战略。

据《辽史》记载："西至可敦城，驻北庭都护府，会威武、崇德、会蕃、新、大林、紫河、驼等七州及大黄室韦、敌剌、王纪剌、茶赤剌、也喜、鼻古德、尼剌、达剌乖、达密里、密儿纪、合主、乌古里、阻卜、普速完、唐古、忽母思、奚的、糺而毕十八部王众，谕曰：我祖宗艰难创业，历世九主，历年二百。金以臣属，逼我国家，残我黎庶，屠翦我州邑，使我天祚皇帝蒙尘于外，日夜痛心疾首。我今仗义而西，欲借力诸蕃，翦我仇敌，复我疆宇，惟尔众亦有轸我国家，忧我社稷，思共救君父，济生民于难者乎？遂得精兵万余，置官吏，立排甲，具器仗。”这里面提到的几个州与部落的名字，都是降服于契丹帝国的重要力量，在亡国之际，他们仍能听从耶律大石的号召，除了帝国余威的因素，也与耶律大石本人的魅力与影响力有关。

在可敦城的统帅大帐里，金戈铁马的场景在耶律大石的脑海里一遍遍游荡，他无数次梦回到了故土，陪伴在那个他其实也不喜欢的天祚帝身旁。但他毕竟深受儒家教育影响，有很重的忠君安民思想：天下何其之大，难道就没有契丹人的容身之地吗？史书上没记载太多耶律大石身边将士的名字，甚至连他本人的活动都记载甚少，后人并不清楚他是凭借何种手腕得到契丹部众的支持，但从后来他千里征途只为延续辽朝国祚来看，可以说耶律大石是个不折不扣的契丹英雄，是个真正的理想主义者。他完全可以像其他契丹人一样投降金朝或宋朝，但他选择了一条最危险的道路，可谓背水一战，险中求胜。

好在耶律大石的实力与运气俱佳。在不远的东方，北宋经过“靖康之耻”，中原已是一片混战，宋金两国的南北拉锯战反而给耶律大石一线生机。趁着女真人还来不及大举征讨可敦城，耶律大石必须尽快拥有一块更安全的根据地。此时位于西域一带的高昌回鹘、东喀喇汗国等政权，也存在着不同程度的内部问题，各派势力争斗处于胶着状态，谁也没有能力统一这一地区，而这恰恰是辽朝最后的机会。

公元1130年，耶律大石率领部众向西行进，史称“大石西征”。《辽史》用少量文字记下了西征开始时激动人心的场景：“二月甲午，以青牛白马祭天地、祖宗，整旅而西。”随后，耶律大石向回鹘王毕勒哥表达了借道之义，无军事意图，并继续向西行进。耶律大石得到了回鹘政权的热情款待，史书记载“即迎至邸，大宴三日。临行，献马六百，驼百，羊三千，愿质子孙为附庸，送至境外。所过，敌者胜之，降者安之。兵行万里，归者数国，获驼、马、牛、羊、财物，不可胜计。军势日盛，锐气日倍”。

在高昌回鹘西面，是东喀喇汗国。当时，东喀喇汗国与周边部落的争斗不分上下，国王伊卜拉欣汗便邀请耶律大石进入本国，以平衡各派势力。契丹人当然不会错过这个千载难逢的机会，耶律大石几乎兵不血刃就占领了首都八剌沙衮，后改名虎思斡耳朵，这里便成为契丹人新政权的首都。公元1132年，耶律大石在虎思斡耳朵称帝，是为西辽开国皇帝。这段历史如今看来颇为神奇，犹如当年张骞出使西域，西域诸国考虑到中原王朝的强盛与共同的强大敌人，才愿意联合。耶律大石虽不是中原人，但没诉诸武力就征服了对手，实在令人惊叹。

建国之后，耶律大石便派大将萧斡里剌东征，试图夺回辽朝失去的领土。但现实是无情的，他的复国之行才刚刚开始，就遭遇了恶劣的自然环境的冲击，绵延近千里的茫茫戈壁成为天然的阻隔，漫天的黄沙与复杂的军事环境不仅阻拦了来自东方的敌人，也断绝了他回到故乡的可能。耶律大石只好立足西域，考虑向西发展，不断壮大自己的势力，扩展西辽的版图。此后，经过卡特万战役，西辽击败塞尔柱帝国，西辽成为中亚地区最强大的国家。

到了12世纪中叶，西辽已经成为一个面积可比肩金朝的庞大帝国。西辽疆域在东部与蒙古的克烈部、西夏政权接壤，南面直抵青藏高原北端，北面包括了阿尔泰山与巴尔喀什湖的大片土地，西面则直抵咸海，葛逻禄人、康里人与花剌子模人也相继归附西辽。

耶律大石实行开明政治与宗教宽容政策，在他的治理下，契丹人再次找回了昔日强盛帝国的荣光。耶律大石之后，西辽历经萧塔不烟、耶律夷列、耶律普速完、耶律直鲁古四位契丹统治者，共享国八十多年。值得注意的是，西辽是一个有浓厚中华文化底蕴的国家，虽然契丹文化、儒家文化与中亚不同文化在其中碰撞与融合，但其政治文化仍在很大程度上沿用了中原王朝的模式。比如，耶律大石与耶律夷列都有自己的庙号，分别是德宗与仁宗，西辽把年号的传统继承了下来，历代皇帝都有自己的汉语年号。

吊诡的是，西辽有几个年号与中原王朝的年号一模一样。比如，仁宗耶律夷列在位十三年，年号绍兴，与此前南宋高宗赵构的年号一样。西辽末主耶律直鲁古的年号是天禧，与北宋真宗赵恒的年号一样。史书上对此并无详细解释，虽然古代有些年号特别受“欢迎”，但西辽与宋朝年号的重合，想必并不是偶然。或许，在这些远离中原的契丹皇帝心中，仍有一个入主中原、主导“天下秩序”的梦想，尽管在地理上已经离开儒家文明的中心地带，但他们在文化上对儒家文明仍有很深的认同感。从耶律大石到耶律直鲁古，契丹皇族的国祚又延续了八十多年，可他们最终无法逃脱宿命的纠葛，就像那些数不清消逝在历史长河中的国家一样，大漠落日之时，唯任后世的凭吊与评说。

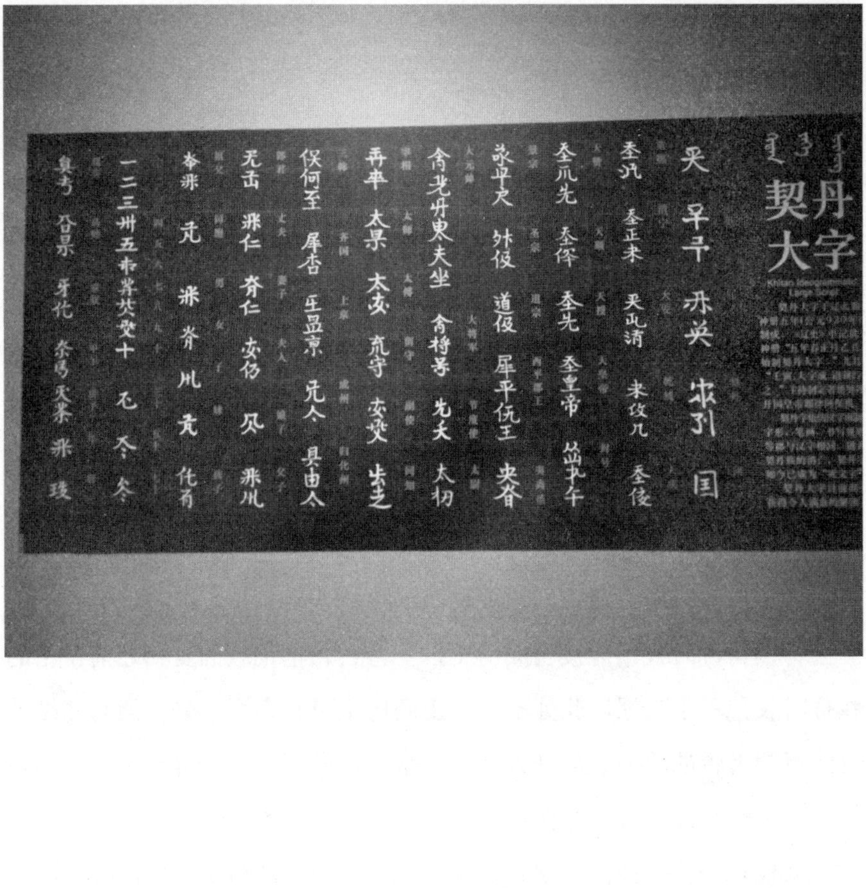

内蒙古博物院展示的契丹大字，这是契丹人模仿汉字创立的官方文字，辽代后期达到了较高的汉化水平

临危受命的一日皇帝

能在浮华喧闹中窥见人生的落寞，需要深邃的洞察力。对逝去的光阴颇为敏感的文人，常有生命有涯却壮志难酬的慨叹。被誉为“少有奇才，文章冠世”的陆机曾言：“逝矣经天日，悲哉带地川。寸阴无停晷，尺波岂徒旋。”他还讲过，“俛仰逝将过，倏忽几何间。慷慨亦焉诉，天道良自然”。常人尚且如此，那些登上权力巅峰的古代帝王，对享国时长的追逐则是更为敏感。只是，中外历史上成千上万的帝王，又有多少人能登上在位时间“最长”的极限榜单呢？

神话传说时代不能被当成信史，一些古籍里记载的夏朝之前帝王的在位时长，不足为据，此处不表。夏商历史虽有存疑之处，但有些细节已经得起考古的验证。从既有的材料来看，商王太戊有可能是中国历代帝王在位时间最长者，他保持的纪录是令人惊叹的75年。

太戊在历史上令人记忆最深的有两点：一个是超长的在位时间，另一个是中兴商代的功绩。《尚书》里周公旦讲道：“昔在殷王中宗，严恭寅畏，天命自度，治民祗惧，不敢荒宁。肆中宗之享国七十有五年。”司马迁沿用了对“中宗”的记载，《史记·殷本纪》里明确地写道：“殷复兴，诸侯归之，故称中宗”，但并没有提及太戊在位时间问题。

是因为司马迁没看到相关史料吗？尽管《史记》的文学性和修辞性很强，但在具体的时间、地点、人名上，太史公却是出了名的严谨。宁可不写，也不把模棱两可的事写进去，尤其是周代之前存疑的历史，《史记》中相关内容甚少。因为古人写史书不像今人引用材料务必要注明来源，司马迁到底看了哪些已经湮灭的古文献（但基本可以肯定他不知道甲骨文的存在，否则《史记》里肯定会提到），后人不得而知，但他的记录应当是可信的。在安阳殷墟被挖掘前，历代对《殷本纪》里详细记录的商王世系多有怀疑，直到考古出的史料让真相大白，甲骨文上的商王名称和世系与司马迁的记叙是基本吻合的。

耐人寻味的是，太戊长达 75 年的在位时间里，只有一件事被司马迁记录下来，而且，这只言片语里还包括一大部分伊陟的“剧情”。《殷本纪》上写道：“帝雍己崩，弟太戊立，是为帝太戊。帝太戊立伊陟为相。亳有祥桑谷共生于朝，一暮大拱。帝太戊惧，问伊陟。伊陟曰：臣闻妖不胜德，帝之政其有阙与？帝其修德。太戊从之，而祥桑枯死而去。伊陟赞言于巫咸。巫咸治王家有成，作咸艾，作太戊。帝太戊赞伊陟于庙，言弗臣，伊陟让，作原命。”

伊陟是名臣伊尹之子，太戊和伊陟的明君贤臣故事，容易让人联想到伊尹辅佐商王的掌故。尽管《竹书纪年》对伊尹放太甲的典故有另类叙述，但历史的规律向来是，典籍里的细节越缺乏、内容越模糊、记载越稀少，就越会被后人引申出更多内涵。对于太戊这段历史的详细呈现，以及“享国七十五年”里发生了哪些惊心动魄的事件，恐怕只有留待今后的考古发掘提供更多资料了。

夏商周断代工程的结论发布后，西周共和前的帝王在位时间有了精准的答案，但相关争议仍旧存在。《尚书》《史记》里都把中宗的称号归于太戊，但一些人眼中记叙“暗黑版上古史”的《竹书纪年》却指出中宗是祖乙，“祖乙胜即位，是为中宗，居庇”。《晏子春秋》上记载，“夫汤、太甲、武丁、祖乙，天下之盛君也”。这四个名字里，前三人都是没什么争议的著名商王，相比之下祖乙的知名度确实小很多。

祖乙是何许人也？从商王序列上看，祖乙是河亶甲和祖辛之间的商王，是太戊的孙子。王国维在甲骨文中发现了佐证《竹书纪年》的材料，他曾讲道：“戬寿堂所藏殷契文字中，有断片，存字六，曰：中宗祖乙牛，吉。称祖乙为中宗，全与古来尚书学家之说违异。”如果中宗真的是祖乙，那么太戊是中宗的说法又是怎么来的？商王里只有为数不多的人享有庙号，如果中宗的冠冕不归太戊，时间线是错乱的，那其在位75年的漫长记录是否也值得怀疑呢？

这些历史的悬案，目前无法解决。但从中能窥见：上古历史的真相是含混不清的，一方面是由于时光抹去了太多珍贵的记录，另一方面也与不同文献和材料的不同记录造成的混乱有关。在后人试图擦拭附着在真相之上的尘土时，人们或许没意识到，历史真相可能在当时就被隐藏起来了。

还有一种可能是史书记载的错误，即使严谨如《史记》，也不能保证一点谬误没有。虽然《陈杞世家》里将陈杞两国并称，但记叙杞国历史的文字不过几百，甚至毫不客气地写道：“杞小微，其事不足称述”，让太史公吐槽的杞国，真的这么不值一提吗？除了留下杞人忧天这个典故，杞国历史还有很多仍藏在尘埃之下。

对杞桓公在位时间的争议，就是一个典型的例子。今人讲到杞桓公时，皆称其在位长达70年，但我最早读到《史记·陈杞世家》时，却大为迷惑。因为，其间白纸黑字写道，“桓公十七年卒，子孝公匄”。我查阅相关研究资料后发现，作家骆宾基早有论文《以〈春秋左传〉证〈史记·陈杞世家〉之误——杞桓公称子称伯及辈次考》谈及此事，文里以相关文献佐证和反推敲出《史记》记录的遗漏和谬误。鉴于太史公下笔极其谨慎，或许是后来抄录者的笔误，将70年写成了17年，致使谬误流传后世。另外，如《史记集解》中所述："世本曰惠公立十八年，生成公及桓公；成公立十八年，桓公立十七年。"换言之，《陈杞世家》不仅弄错了杞桓公的在位时间，可能还漏写了其他杞国君主的名字。经由其他史料的配合推理，今人已经勾勒出杞国世系和时间表（西周之后）的大致脉络。这个沿袭了夏风的千年古国，其模糊的面孔也越发清晰。

比商王太戊、杞桓公的记录短一些，西汉南越王赵佗在位时间长达66年，此精确数字或许仍有争议，但赵佗享国时间和寿命之长，在中国历史上居于前茅，是没什么异议的。有说法称赵佗活了一百多岁，但因为其出生时间不能被验证，即使《史记·南越列传》中写道，"建元四年卒，佗孙胡为南越王"，赵佗的寿命难被后世信史记载。如果有人以赵佗的视角写一部小说，时间线将会从战国时代贯穿到西汉武帝时期，恰逢历史大变局之际，其人生际遇也被卷入了宏大的历史叙述，这无疑会是一部好看的作品。不过，在当时，南越政权曾让中原王朝头疼不已，赵佗时期的南越和西汉的关系，或战或和，如太史公所言："隆虑离湿疫，佗得以益骄。瓯骆相攻，南越动摇。"但从更长的时间轴上看，赵佗开发了岭南之地，"以诗书而化国俗"，其意义不言而喻。

其实，就算赵佗真的活了一百多岁，也不是不可能。上千位帝王中有一两个特别长寿的，这个概率是存在的。尽管上古之人平均寿命不过二三十岁，但孩童死亡率高是重要因素，它拉低了平均数字，而若保养得当、基因过硬，帝王活到"七十古来稀"之后的年纪，也是存在一定可能的。比如，周赧王姬延在位长达59年，是东西两周八百年里在位最长的周天子。有人根据其即位年龄推测他也有将近百岁的寿命，尽管这个说法未必正确，但一个亡国之君尚且如此，或许也能从侧面证明个别帝王长寿的可能。

秦汉以降，中国皇帝的在位时间基本都是清晰的。康熙在位时间最长，乾隆寿命最长，是众所周知的历史常识，此处不必赘言。但与不少人“预料之中”的结果不同，帝王在位时间并未随着物质和技术水平的进步而大幅提高，只有上述两位清朝皇帝在位时间超过60年。在外国，也有类似的现象，将中国的纪录放在世界坐标上看，会是怎样的结果呢？

古埃及第六王朝的法老佩比二世，很可能是可考证的人类历史上在位时间最长的帝王。他于公元前2278年到公元前2184年在位，长达95年。有说法认为佩比二世5岁即位，活了整整一百岁。不论是在位时间还是寿命，佩比二世的纪录可能都是空前绝后的。日本江户时代的加贺藩也出了一个超长纪录，第五代藩主前田纲纪在位时间长达79年，横跨17世纪和18世纪。大名鼎鼎的法国国王路易十四，在位时间长达72年，是欧洲历史上享国时长最久者之一。

有极长纪录就有极短纪录，只是在位时间极短的帝王，总归是少了些许历史的光环，甚至以悲情形象定格在史册上。比如，海昏侯刘贺当过27天的皇帝，是为汉废帝。尽管27天已经是很短暂的“享国时间”了，但比这更“夸张”的纪录还有好几个。据相关史料，北齐少帝高恒在位20天，唐殇帝李重茂在位17天，北齐元成帝高延宗在位3天。

在国外，也有几个帝王在位极短的时间纪录。越南阮朝第五任皇帝阮福膺禛在位只有3天，法国卡佩王朝的约翰一世在位只有4天。值得一提的是，约翰一世堪称从生到死都“在任”的国王，他是路易十世的遗腹子，从1316年11月15日出生起，便从法理上成为新国王，但他出生4天后便夭折了。换言之，夭折的婴儿竟然当了4天的国王，这在人类历史上是独一例。

从法理上看，极限纪录的保持者可能是法国波旁王朝第二次复辟时期的路易十九。1830 年 7 月 31 日，其父查理十世下诏退位，因为形式特殊，在签署退位协议的 20 分钟里，路易十九成为名义上的国王。

中国皇帝在位时间极短纪录的保持者是金末帝完颜承麟，“一日皇帝”的称号留给他是无可争议的。但是，完颜承麟的帝位来得堪称“临危受命”，并非是他主动意愿的结果，而是实属无奈。这又是怎么回事呢？

公元 1234 年 2 月 9 日，完颜承麟和金朝都走到了生命的终点。在金灭亡之际，面对蒙宋联军的强势攻击，为了延续女真人统治的合法性，他从金哀宗完颜守绪手中继承了皇位，但在位不足半天便在巷战中阵亡。完颜承麟虽在名义上当了短暂的皇帝，但在后世史籍中并未享受到“皇帝待遇”。从元朝后期的脱脱主编的《金史》记叙里，或许可以窥见一斑。《金史》有 19 篇本纪，第 18 篇讲的是金哀宗，对完颜承麟没有专章本纪记录，只是放在第 18 篇的末尾，附在金哀宗之后提到。至于第 19 篇本纪，写的是景宣帝完颜宗峻、睿宗完颜宗尧、显宗完颜允恭的事[①]。完颜承麟的“地位”还不如这三位，可见后世对其皇帝身份并不看重。

完颜承麟的名字常被史书遗忘。他在《金史》上唯一一次登场，就与金哀宗战败亡国在一起。《金史》上写道，“都尉完颜承麟为东面元帅，权总帅”，首次登场后不久，就被置于即将亡国的绝境里。面对蒙古大军即将破城，金哀宗完颜守绪说:“我为金紫十年，太子十年，人主十年，自知无大过恶，死无恨矣。所恨者祖宗传祚百年，至我而绝，与自古荒淫暴乱之君等为亡国，独此为介介耳。古无不亡之国，亡国之

① 被追谥，本人并未做过皇帝，类似曹魏追谥曹操为魏武帝的情况。

金朝皇帝世系表

庙　号	常用名	在位时间	年　号	谥　号	陵　寝
太　祖	完颜阿骨打	1115—1123年	收国、天辅	应乾兴运昭德定功仁明庄孝大圣武元皇帝	睿　陵
太　宗	完颜吴乞买	1123—1135年	天会	体元应运世德昭功哲惠仁圣文烈皇帝	恭　陵
熙　宗	完颜亶	1135—1149年	天眷、皇统	弘基缵武庄靖孝成皇帝	思　陵
	完颜亮	1149—1161年	天德、贞元、正隆	海陵炀王（被弑后）、海陵庶人（改葬后）	
世　宗	完颜雍	1161—1189年	大定	光天兴运文德武功圣明仁孝皇帝	兴　陵
章　宗	完颜璟	1189—1208年	明昌、承安、泰和	宪天光运仁文义武神圣英孝皇帝	道　陵
	完颜永济	1208—1213年	大安、崇庆、至宁	卫绍王	
宣　宗	完颜珣	1213—1223年	贞祐、兴定、元光	继天兴统述道勤仁英武圣孝皇帝	德　陵
哀　宗	完颜守绪	1223—1234年	正大、开兴、天兴	敬天德运忠文靖武天圣烈孝庄皇帝	
末　帝	完颜承麟	1234年	盛昌	定文匡武闵怀皇帝	

辽宁省博物馆展示的金朝皇帝世系表，末帝完颜承麟虽然在位时间极短，但仍在其中

君往往为人囚縶，或为俘献，或辱于阶庭，闭之空谷。朕必不至于此。卿等观之，朕志决矣。”完颜守绪的“理由”可以理解，说白了，就是他不想做亡国之君，又因为自己身体肥胖，无法骑马突出重围，只好移交皇位给武将完颜承麟，或许还能冲出去，此后东山再起。

金哀宗以身殉国，“自缢于幽兰轩”，完颜承麟“退保子城，闻帝崩，率群臣入哭”。因为缺乏史料，很难知晓完颜承麟在如此短暂的时间里，是如何办理即位典礼的。或许根本没有像样的即位典礼，或许仅仅只是一个口头的皇权移交。今天回望这个历史瞬间，后人也很难理解完颜承麟为何要接这个“烫手山芋”，鉴于当时情况之危急，如果没有舍我其谁的慷慨，他会接受这个鸡肋般的皇位吗？

这些问题恐怕永远没有准确答案，后人只能从悲剧的结果加以想象。《金史》上讲，完颜承麟“为乱兵所害，金亡”，在激烈的巷战中，他或许被乱射的箭矢所中，或许被蒙古铁骑砍杀，具体情形无从考证。但或许是因为这段历史太过悲情，所以会被后世历史小说偶尔提及。

比如，蔡东藩在《宋史演义》第九十一回《约蒙古夹击残金 克蔡州献俘太庙》里的记叙颇有镜头感：“承麟退保子城，因金主自尽，偕群臣入哭，随语大众道，先帝在位十年，勤俭宽仁，图复旧业，有志未就，实是可哀，应追加尊谥为哀宗。众无异议，乃酹为奠，奠尚未毕，子城又陷。奉御完颜绛山，绛山一作京锡。奉金主守绪遗命，急焚遗骸，霎时间兵戈四集，杀人盈城，承麟等无从脱逃，均死乱军中。”蔡东藩的修辞和想象耐人寻味，但历史的真实现场已不得而知，这也是咀嚼历史微妙细节的兴味所在。

明初帝王的奇特镜像

如果说从古代皇帝里选一个逆天改命能力最强的人，朱元璋无疑有夺魁的实力。但再强悍的帝王也有脆弱的一面，再精心谋划的事业也有遭受意外的可能，晚年痛失太子朱标，无疑是给朱元璋最沉重的打击。这不只是“白发人送黑发人”的悲剧，更打乱了朱元璋此前的一切规划，给后来政治更迭的变局埋下了伏笔。

各种史料都证实：朱元璋格外器重和疼爱朱标，从未考虑过让其他儿子做帝位继承人，这凸显了朱标对朱元璋的极端重要性。朱标生于元末战乱之中，至正十五年（公元 1355 年），朱元璋在攻打南京时得到了长子出生的消息，欣喜若狂的他在山石上刻字“到此山者，不患无嗣”。这段掌故被人熟知，但很多人忽略的是，此时的朱元璋已经 27 岁，这在古代算晚育的年纪了，更何况，在战火横飞之际，能留下后代也意味着自己的血脉得到了不易的存续。

按照常理，大龄得子的父亲往往会格外宠爱孩子，朱元璋自然也不例外。他当时能提供给朱标的最好的教育和资源，他都会想办法给予。《明史》上有记载，到了至正二十年，“丁卯，置儒学提举司，以宋濂为提举，遣子标受经学”。宋濂是元末明初著名的大儒，朱标从孩童时代就跟着这样的人物学习，陶冶情操，自然会培养起儒雅端正的人格来。朱元璋在外面浴血奋战，而朱标被悉心保护着，虽然成长于乱世，但他的生活并不窘困。

朱标性格里的弱点从此就埋下了种子。他与父亲早年“野蛮成长”的经历完全不同，他在很早就被列为朱元璋的继承人，因此对真正的底层生存，朱标是完全没有概念的。但是，他毕竟不是生活在真正的安逸中，朱元璋称帝前，他还要担心父王兵败受挫；入住皇宫后，他还要看着日益激烈的权力斗争，以及日渐苍老阴郁的父亲，朱标身在其中，除了做一个和善的储君外，又能做什么呢？

史书上关于朱标的记述并不太多。但从很多细节里，后世仍能看出不少内涵。《明太祖实录》里记载着朱元璋对朱标的告诫：“人君治天下日有万几，一事之得，天下蒙其利；一事之失，天下受其害。自古以来，惟创业之君达于人情，周于物理，故处事之际，鲜有过当。守成之君，生长富贵，非平昔练达，临政少有不缪者……”可以说，朱元璋给继承人的定位是“守成之君”，而这类君主的特点就是贤明仁义，能平衡各种政治力量。朱元璋心里也清楚，自己大肆残害功臣，已经引起了统治集团上层的恐慌，虽然能让平民“服气”，长期而言对朱家统治仍然不利。正如后世不少人所认为的，朱元璋父子可谓一紧一松，一张一弛，恩威并重，这样的手段才会让统治更为长久。朱标也并非意识不到父皇的良苦用心，他悉心维护着和勋贵、臣子们的关系，并在读书人中有较好的口碑。起码从现有史料上，我们看不到有关朱标个人品行污点的记录，《明史》所谓的“太子为人友爱”也早已是一段公论。

但问题恰恰出在这里。如果朱标生长于普通人家，其仁爱慈悲之心并非缺点，但在危机四伏的宫廷院落里，这种性格往往就会表现为优柔寡断和懦弱胆怯，而这恰恰是为帝王者的大忌。朱元璋早就看出朱标有这些问题，虽然曾试图纠正、引导，却收效甚微。这不仅是因为“江山易改，禀性难移”，更与朱标早年形成的知识结构有关。在他的世界里，宋濂这样的大儒告诉他的是圣王之道，他仰慕的是上古贤德君主的开明治理，但他意识不到理论美好与现实残酷之间的巨大差距。从这个意义上说，朱标就是一个“反版的朱元璋”，朱元璋的性格特点恰恰以相反的模样呈现在朱标身上，父子二人互为镜像，两种极端思维的碰撞绝不会以喜剧收场。

徐祯卿在《翦胜野闻》里记载过一个耐人寻味的故事：“太子谏曰：陛下诛夷过滥，恐伤天和。帝默然。明日，以棘杖委于地，命太子持而进，太子难之。帝曰：汝弗能执欤？使我运琢以遗汝，岂不美哉？今所诛者，皆天下之刑余也，除之以安汝，福莫大焉。”朱元璋为了形象地告诉朱标现实的残酷，不惜让荆棘的厉刺划伤自己，也要让太子明白勋贵里的骄兵悍将对他的潜在威胁。但是，朱标也机智地回应：“上有尧舜之君，下有尧舜之民”，听到这里，朱元璋十分愤怒。或许，朱标永远不能理解父皇的用心，这实在是“秀才遇到兵，有理说不清”。朱标讲仁义道德，朱元璋就讲斗争残酷，他们分别站在极端理想主义和极端现实主义的两端来看待对方，自然无法相互说服。

但朱元璋知道，朱标的仁德会得到多数臣子的支持，在他身后，朱标虽不能开创新格局，却能守好家业。但这个脆弱的梦想随着朱标的英年早逝而骤然破碎。洪武二十五年（公元1392年），朱标在视察陕西归来后不久染病而死。《明史》上对此记录只有寥寥几笔：“比还，献陕西地图，遂病。病中上言经略建都事。明年四月丙子薨，帝恸哭……”朱标到底因何而死，具体情形如何，后世已难以考证。但可以理解的是，朱标长期在朱元璋的严格要求下克制本心，他的仁爱之心被无情地打压，长期处在精神抑郁的状态下，这也会摧毁一个人的身心健康。朱标渴望顺遂本心而为，却屡屡遭到现实残酷地打压，长此以往，怎能不患疾病呢？

应当说，作为父亲，朱元璋对朱标的严格要求并没有错，但这一切不应该建立在对其本心与个性的打压上。朱标作为儒家思想熏陶而成的模范太子，又怎么能作出违背父亲意志的事呢？朱标早逝和朱元璋晚年失子，两人的悲剧根本上是文化理念冲突的结果，是帝王家庭中常见的悲剧。以更广阔的视角来看，这种悲剧结构也是明代那些坚持精英培养理念的家庭所培养出的后代共同存在的问题：如果要成为儒家圣贤，就必须听命于父权与师长，如果不这样做，就是大逆不道，但也违背了自己少年时代被塑造的价值观念。与至亲价值观的冲突到了严重的地步，真的会摧毁一个人的意志和生命。身处当时的环境里，朱标除了默默地隐忍，也没有什么好的办法，因为悲剧是从他拥有太子身份那一刻起就注定要发生的。而且，他也没有留下什么诗文，能让后世一窥其复杂心境。数百年来，这位太子身后无数的坚守、隐忍和委屈，也逐渐在时光肃杀的烈风中化作尘埃。

第二篇

风云变幻中的将相文人

伯夷叔齐的“不合时宜”

国人熟悉伯夷叔齐的故事，大多因司马迁在《史记》中的相关记载。《伯夷列传》是《史记》七十列传的首篇，而且篇幅之短，在全书中罕见。但《伯夷列传》最奇怪的地方，却是它大部分内容并不是在谈伯夷叔齐的事迹，而是引经据典，借题发挥，表达司马迁的个人情怀和精神寄托。而且，其写法是夹叙夹议的，虽然太史公喜欢在史传结尾处大发感慨，但一篇文本的“题外话”比历史叙述本身还多，在整部《史记》里都是极其罕见的。

《伯夷列传》开篇谈的是尧舜禅让的事情。《史记》列传的记录大致是按照时间顺序来排列的，周代以前的列传内容，只有《伯夷列传》一篇。既然先商时期的内容不在其中，开篇就讲尧舜之事，倒也无可厚非。但是，司马迁似乎只是想借助先贤的口吻，来表达内心的诉求。他援引孔子的话，“伯夷、叔齐，不念旧恶，怨是用希”，“求仁得仁，又何怨乎？”不过，他却有另一番感慨：“余悲伯夷之意，睹轶诗可异焉。”

这个态度颇为吊诡。如果说伯夷叔齐的事迹如尧舜禅让般光辉，太史公为何发出“异”之感喟？此处“异”的意思是惊诧，或者说奇怪。他固然对伯夷叔齐的事迹感到悲痛，或者说是愤愤不平，但为何又有惊奇之感？太史公并没有给出直接回答，而是把复杂的情感藏在了后面的历史叙述里。

伯夷、叔齐，孤竹君之二子也。父欲立叔齐，及父卒，叔齐让伯夷。伯夷曰：父命也。遂逃去。叔齐亦不肯立而逃之。国人立其中子。於是伯夷、叔齐闻西伯昌善养老，盍往归焉。及至，西伯卒，武王载木主，号为文王，东伐纣。伯夷、叔齐叩马而谏曰：父死不葬，爰及干戈，可谓孝乎？以臣弑君，可谓仁乎？左右欲兵之。太公曰：此义人也。扶而去之。武王已平殷乱，天下宗周，而伯夷、叔齐耻之，义不食周粟，隐於首阳山，采薇而食之。及饿且死，作歌。其辞曰：登彼西山兮，采其薇矣。以暴易暴兮，不知其非矣。神农、虞、夏忽焉没兮，我安适归矣？于嗟徂兮，命之衰矣！遂饿死於首阳山。

这段话是《史记》对伯夷叔齐事迹的唯一描述。简单来说，就讲了两个事：一个是伯夷叔齐兄弟之间相互谦让，都不愿意继承孤竹国王位；另一个是伯夷叔齐拦下武王伐纣的队伍，后来“不食周粟”，最后竟饿死在首阳山。当然，“不食周粟”之事历来有争议，多数观点认为这指的是伯夷叔齐不愿意吃周朝的粮食，也有学者认为“周粟”代指周朝给予的功名俸禄。但不管怎么说，伯夷叔齐不愿意为周朝做事，最后隐居起来，直到生命的终点，都坚持了本心，反对“以暴易暴”，这大概是没有争议的。

耐人寻味之处就在于此书所谓的“以暴易暴”。伯夷叔齐站在商朝的立场上看武王伐纣，确实是“犯上作乱”之举，但他们也承认商纣无道，才说“以暴易暴”。但在他们心中，忠诚于本朝和大王，比因王道昏庸而伐之更具有道义上的合理性，也更符合历史的走向。因为现代史学界强调所谓的“历史进步论”，一些观点认为伯夷叔齐是历史前进道路上冥顽不灵的人，不懂得世事变化的规律。但在古人来看，忠于旧朝反而符合道义，只不过多数人做不到像伯夷叔齐这样罢了，至于隐逸起来，则实属无奈之举。

后人在看待伯夷叔齐掌故的时候，很难摆脱司马迁在其中“夹带私货”，因为其个人情感太强烈，以至于后世也搞不清历史的真相是否真的如《史记》叙述所说的那样。

司马迁在《伯夷列传》中的慨叹集中在“道不同，不相为谋”和“天道无亲，常与善人”两个层面，对所谓的“历史正道”提出了质疑。每每看到这里，我都觉得很惊诧，因为司马迁的历史观明显符合儒家那一套正统学说，但在一些具体人物事件面前，却时常“夹带私货”，会对那些不被主流历史所接纳的事物产生同情心，这既跟他的人生际遇有关，也跟他的文人情怀密不可分。因为，任何出色的历史研究者都脱离不了对人性的深刻理解，以及“理解之同情”，伯夷叔齐试图拦下武王伐纣的步伐，按照他们自己的逻辑和伦理完全可以自洽，只不过这种价值观已经被后来的主流话语所抛弃，被历史记录者所遗忘。

正因此，简单从“隐逸”的角度来理解伯夷叔齐的选择的复杂性，是不合适的。在王朝更迭之时，文人选择“隐逸”者甚多，但其中不乏谋取“终南捷径”者，就像姜太公钓鱼，并非真的要脱离世事的干系，只不过在等待一位明主的赏识罢了。甚至到了后代，“隐逸”成了一些文人自视清高和“择良木而栖”的技巧。但伯夷叔齐不一样，他们选择了“以死明志”，成为商周变局之际的历史主流叙述之下的一个奇特的注脚。

因为他们的选择不被世人理解，竟被后世一部分文人赋予了“阴谋论”的帽子。比如，身处明清易代之际的艾衲居士写就的《豆棚闲话》，

南宋画家李唐《采薇图》中的伯夷叔齐

其中便有《首阳山叔齐变节》一则故事，虽是讽刺当时变节的文人，却对伯夷叔齐的正统故事大加演绎，这种不切史实的演绎因击中了人性中的暗黑部分，竟得以流传开来。至于当下，在所谓的“从人性读历史”的通俗讲史书籍里，类似的“古事新读”就更多了。

其实，早在太史公之前，伯夷叔齐的故事就已经广为流传，基本都是在称颂他们的事迹。而且，伯夷叔齐最令人感动的不在于他们的“忠”，而在于他们的“仁义”，从根本上说，他们反对的是周武王“以暴易暴”的逻辑，但这却被后世话语描绘成“不识时务”。其实，历史进步论也好，权力更替的话语权也罢，都不能取代坚持人性光辉的行为，也不可能真正压抑那些看似“不合时宜”实则坚持道义精神的人。或许，也正是因为伯夷叔齐的选择太惊世骇俗，才令后世争议不休，但到底孰对孰错，也只能留给后人争辩，这也是回顾古事时令人遗憾的细节。

吕不韦是否在扭转乾坤

常言道“不是一家人，难进一家门”。在古代中国，想成为最高权力集团中的一部分，要么靠与生俱来的血缘关系，要么至少也要有共同的政治派别的纽带关系。但吕不韦以商人的身份，在重农抑商的历史背景下，完全以一个“圈外人”的身份进入当时最强盛的秦国权力中心，进而完成了人生华丽的转变，甚至给后世留下了“秦始皇生父之谜”的千古悬疑。吕不韦凭什么能做到这些？他的能力和眼光有哪些独特之处呢？

公元前264年春天，卫国大商人吕不韦来到赵国邯郸经商，这一年他28岁，正值事业黄金期。他继承了父亲的部分财产，又通过灵活的头脑，在珠宝和丝织品生意场频频得意，他的眼光和谋略为他开辟了更宽广的道路。

但是，吕不韦心里清楚，一日为商，终身无颜，在重农抑商氛围浓厚的赵国，即使自己成为全天下最富有的商人，也没有任何社会地位，也不会被人看得起。此时的他并无闲情逸致欣赏邯郸的春色，他野心勃勃，又踌躇徘徊，年少轻狂的吕不韦决心凭借自己的努力改变商人地位低贱的现状，但并不清楚到底该怎么做。

与此同时，秦国的一位王子嬴异人正在赵国做人质，他或许还意识不到，自己的命运将因一次偶然的会面而彻底改变。《史记·吕不韦列传》对这段记述颇有戏剧性："子楚，秦诸庶孽孙，质于诸侯，车乘进用不饶，居处困，不得意。吕不韦贾邯郸，见而怜之，曰：此奇货可居。"

此时的嬴子楚（当时名字还是嬴异人），真是落魄到了极点。他乘的车马和日常的财用都不富足，生活困窘，很不得意，虽然曾经贵为王子，但此刻窘境堪比奴隶。吕不韦隐约间意识到，要改变自己的政治身份，就要培养、辅佐一位有潜力的王室贵族，等他有朝一日能登基大位，自己或许还可以得到恩宠。而面前的嬴异人就是最好的选择，利用他成就大业，这笔买卖可比一般的生意强太多了。天生爱冒险、有野心的吕不韦决心赌上一把，而这个赌注的周期在十年以上，风险极大，但一旦成功，换来的回报则是足以逆转乾坤的。

史书上用"奇货可居"四个字形容吕不韦眼中的这次"买卖"。吕不韦作为投资方，当然也会向嬴异人讲清事情的利害之处。当然，帮助嬴异人回国登基是他口中的"理想"，年少天真的嬴异人并不知道自己的命运已经被吕不韦牢牢控制住了。

有趣的是，吕不韦和嬴异人将这次合作称为"光大对方的门庭"。[①]没人会质疑司马迁后来以如此幽默的笔法还原两人邂逅时细节的真实性。不论怎么说，这是吕不韦和嬴异人第一次对话，两千年后，我们看到这个场景觉得妙趣横生，但在当时，两个野心勃勃的年轻人，还不知道这个计划是否能成功完成，而一旦中途稍有差错，便会带来灭顶之灾。

① 《吕不韦列传》：乃往见子楚，说曰："吾能大子之门。"子楚笑曰："且自大君之门，而乃大吾门！"吕不韦曰："子不知也，吾门待子门而大。"

尤其是吕不韦，更是下了极大的赌注，赌上了自己的身家性命。《史记》有记载，当时吕不韦有言：“秦王老矣，安国君得为太子。窃闻安国君爱幸华阳夫人，华阳夫人无子，能立适嗣者独华阳夫人耳。今子兄弟二十余人，子又居中，不甚见幸，久质诸侯。即大王薨，安国君立为王，则子毋几得与长子及诸子旦暮在前者争为太子矣。”子楚曰：“然。为之奈何？”吕不韦曰：“子贫，客于此，非有以奉献于亲及结宾客也。不韦虽贫，请以千金为子西游，事安国君及华阳夫人，立子为适嗣。”子楚乃顿首曰：“必如君策，请得分秦国与君共之。”

但这只是计划的一半，嬴异人绝没想到，吕不韦还有老谋深算的一面，另外一个计划几乎就在同时开始执行。《吕不韦列传》上讲：“吕不韦取邯郸诸姬绝好善舞者与居，知有身。子楚从不韦饮，见而说之，因起为寿，请之。吕不韦怒，念业已破家为子楚，欲以钓奇，乃遂献其姬。姬自匿有身，至大期时，生子政。子楚遂立姬为夫人。”赵姬和嬴异人的结合，给这段故事增添了许多传奇性。从那时候开始，民间就有传闻，艳丽多姿的赵姬在被吕不韦送给嬴异人前，已经被他提前“享用”了，而吕不韦告诉她要配合与嬴异人成婚的计划，将来生下男婴，如此这般就能当上王妃。幸好，这个计划没有被嬴异人识破，一切如其所愿，嬴异人与赵姬成婚后不久便生下了一个男孩，这就是后来的秦始皇嬴政。

就在嬴异人享受着美人佳丽的温存之时，吕不韦开始了这个计划的第二步。他携带千金家财和少量仆人，一路疾驰赶到秦国都城咸阳。在咸阳，吕不韦靠金钱打点关系，终于如愿以偿，见到了华阳夫人，在向她献上珠宝珍馐的同时，也讲明了嬴异人成为接班人的优势和必要性。

巧舌如簧的吕不韦当然明白，让华阳夫人尝到甜头才是最重要的。他向华阳夫人直言，她正值青春年华，安国君身边嫔妃众多，而她自己又没有儿子，如果不能培养嬴异人为继承人，她将来也会失去依靠，一旦从国君那里失宠，自己的命运也难保前程。但如果嬴异人将来当上了亲王，她自然就成了太后，可以永享清福。

吕不韦说的话，并非没有道理。从对方利益的角度来说理，向来是辩论和宣讲的最妙方法。华阳夫人也中了吕不韦的“圈套”，她开始在安国君身边吹耳旁风，还让嬴异人改名为嬴子楚，将他打扮成一副孝子贤孙的模样。经过多方斡旋，嬴子楚终于摆脱了质子的身份，被秦国军士接回了咸阳，真正成为大秦的继承人。

此后的故事依然很有戏剧性。据《史记》记载，“秦昭王五十六年，薨，太子安国君立为王，华阳夫人为王后，子楚为太子。赵亦奉子楚夫人及子政归秦。秦王立一年，薨，谥为孝文王。太子子楚代立，是为庄襄王”。公元前251年，秦国出了大事。就在这一年，在任长达56年的一代雄主秦昭王去世，当了大半辈子王子的安国君嬴柱终于继位了，是为秦孝文王。然而，安国君继秦王位并守孝一年后，加冕才三天的他，就突发疾病去世了。也就是说，孝文王才当了三天秦王。或许这是嬴子楚和吕不韦都没想到的，形势变化如此迅猛，嬴子楚几乎在毫无准备的情况下，即位成为新秦王，是为秦庄襄王。

不难想象，嬴子楚坐在王台上，接受百官朝拜，他心潮澎湃，想起自己在十三年前，还在邯郸城里过着奴隶一样的日子，帮助他洗刷耻辱、逆袭成为王的大恩人便是吕不韦。他想起此前与吕不韦密谋的契约，便准备任命吕不韦做丞相。但是，吕不韦毕竟是卫国人，况且只是一介商人，群臣百官几乎都不同意让吕不韦担任如此重要的职务。吕不韦并不着急，他知道自己早已“控制”住了嬴子楚，只要他还在位一天，就有自己享福的一天。对嬴子楚来说，当务之急是把困在邯郸的赵姬母子接回咸阳。经过一番周折，赵姬和嬴政平安归来。公元前249

年，吕不韦如愿以偿，被任命为秦国丞相，同时被封为文信侯，被赏河南洛阳十万户作为他的食邑。直到这一天，他终于实现了“一人之下，万人之上”的夙愿。

当然，吕不韦的故事还没有结束，他的人生巅峰还没来到。嬴子楚在位三年后，正值青春的他也发病去世了，嬴政即位，吕不韦也真正成了秦国权力的实际掌控者。一方面，由于秦王年幼，吕不韦可以名正言顺地辅政，进而主宰秦国的各类政务；另一方面，他作为嬴政的仲父，在内宫扮演着重要角色，可以随意出入宫中，比以前只负责政务的丞相权力还要大。

但作为一代枭雄和权谋家，吕不韦最终还是没能算过天命。后世评价多认为吕不韦精于算计，却聪明反被聪明误。众所周知的嫪毐之祸确与吕不韦有关，《史记》上记载“始皇帝益壮，太后淫不止。吕不韦恐觉祸及己，乃私求大阴人嫪毐以为舍人……”，其实就在暗示这其中的暧昧关联。更糟糕的是，太后与嫪毐不明不白的关系逐渐败露，《史记》上说得很清楚：“太后私与（嫪毐）通，绝爱之。有身，太后恐人知之，诈卜当避时，徙宫居雍。嫪毐常从，赏赐甚厚，事皆决于嫪毐。嫪毐家僮数千人，诸客求宦为嫪毐舍人千余人。”嫪毐之乱被平定后，嬴政对吕不韦有这样的论断：“君何功於秦？秦封君河南，食十万户。君何亲于秦？号称仲父。其与家属徙处蜀！”公元前235年，一代枭雄吕不韦畏罪饮鸩自尽。

回顾吕不韦跌宕起伏的权谋人生，恰如后世王世贞的评价，“自古至今以术取富贵秉权势者，毋如吕不韦之秽且卑，然亦无有如不韦之巧者也。凡不韦之所筹策，皆凿空至难期，而其应若响，彼故自天幸，亦其术有以摄之”。他在关键时刻的果敢和冒险心态曾让他实现了人生的乾坤扭转，但也让他最终落得畏罪身死的结局，令人唏嘘不已。

不过，吕不韦身处周秦之际的转折时期，其思想和言行既与个人命运相关，也与风云变幻的时代有关。吕不韦的政治和军事功勋自不必说，其思想主要体现在《吕氏春秋》一书中，但这本书的复杂性和深刻内涵并没有得到后世足够的重视。

《吕氏春秋》往往被视为杂家学说，是对诸子百家学问的汲取精华之作，这一观点应该是出自《汉书·艺文志》，后世学者也多沿用“杂家说”。但一部著作即使是混杂着多元思想，也一定有其主要的思维方式，如果非要从中抽取一条主线，便可看出《吕氏春秋》中有浓厚的儒家思想。《四库全书总目提要》中也认为《吕氏春秋》“大抵以儒家为主，而参以道家、墨家，故多引六籍之文与墨子、曾子言”，而且，《吕氏春秋》并不赞同法家思想所推崇的君主专制理念，而是亲近仁义、爱民等思想，这的确和儒家精神一脉相承。

《吕氏春秋》中并不罕见各种对体恤民众、爱惜百姓的议论。虽然吕不韦的思想里有很强的实用主义精神，但他并非把政治理解成纯粹的阴谋诡计，而是将更高的政治理想看作执政的目标，谋略只是辅助性的技巧。这种看重道义而非伎俩的思维方式也常体现在《吕氏春秋》中：“凡用民，太上以义，其次以赏罚。其义则不足死，赏罚则不足去就，若是而能用其民者，古今无有。民无常用也，无常不用也，唯得其道为可……民之用也有故，得其故，民无所不用。用民有纪有纲。壹引其纪，万目皆起；壹引其纲，万目皆张。为民纪纲者何也？欲也恶也。何欲何恶？欲荣利，恶辱害。辱害所以为罚充也，荣利所以为赏实也。赏罚皆有充实，则民无不用矣。”换言之，如何调动民众的劳动积极性，给予他们充分的自由和生活空间，也能体现执政者的智慧。

但这些思想大多没被嬴政接受。有关嬴吕二人的复杂关系向来有很多说法，权力斗争自然是其中的重要因素，但治国理念的差异也不容忽视。商鞅变法以来的法家思想在嬴政身上得到了更充分的体现，天下百姓在秦国的统治者眼中就是帝国体系上的齿轮和螺丝钉，没有哪个平民可以超越这一制度。这个制度本身也残忍地压制了民众的个体性和自由空间，只有帝王可以凌驾于这一制度之上，并为之增添更专断强权的成分。

或许是因为吕不韦早年有平民生活体验，相比之下，他更在乎天下百姓的意愿，而反对将所有权力系于君主一人之手。《吕氏春秋·贵公》开篇便有言："昔先圣王之治天下也，必先公。公则天下平矣。平得於公。尝试观於上志，有得天下者众矣，其得之以公，其失之必以偏。凡主之立也，生於公……天下，非一人之天下也，天下之天下也。阴阳之和，不长一类；甘露时雨，不私一物；万民之主，不阿一人。"嬴政式的君主专制思想，当然不会允许"天下非一人之天下"之类的思想流传于世，但他不理解吕不韦对民众的尊重，同样也是出于巩固君主统治的心理，体恤百姓和君主统治本身是个双赢的过程。

吕不韦的思想中不乏这种商人式的灵活思维。早年的吕不韦给人一种狡猾而投机的形象，但他在秦国身居高位后做的事，却也不乏大气公道。这种近乎极端的现象令后世评价吕不韦时多采用矛盾的态度，但若回到当时的历史现场，就会理解他的言行只不过是机敏善变罢了。《战国策》里有段耐人寻味的记载："濮阳人吕不韦贾于邯郸，见秦质子异人。归而谓父曰：耕田之利几何？曰：十倍。珠玉之赢几倍？曰：百倍。立国之主赢几倍？曰：无数。曰：今力田疾作，不得暖衣余食；今建国立君，泽可以遗世，愿往事之。"青年吕不韦和父亲的这段对话起码说明，他是个野心勃勃的人，而现实身份让他无法实现宏图大志，只能运用计谋来改天换日。事实上，他此后的努力也践行了这一理念。吕不韦很可能是战国末年最有权变头脑的名人，在他生活的年代里，这样的思维方式并不被人推崇，而在后世，吕不韦式的权变机敏权变越来越普遍，但很多人只学到了其中的“厚黑”成分，权变的理想目标反而被抛弃了，这显然不是吕不韦所推崇的价值观。

这种权变思维和政治理想的结合让吕不韦的思想既有实用主义的一面，也不乏道义的光芒。尤其是他的经济思想，更鲜明地体现了这一点。虽然吕不韦早年以商人立身，但《吕氏春秋》仍十分推崇重农思想，《上农》篇里有言：“古先圣王之所以导其民者，先务於农。民农非徒为地利也，贵其志也。民农则朴，朴则易用，易用则边境安，主位尊。”但吕不韦也不认同全盘的重农抑商思想，他对工商业并不排斥，认为保护农民农业的同时也不必打击工商业，这种权衡多重利益群体的思路在当时并没有得到太多实践，但在后世来看这在当时是一种超前的思想。

当然，吕不韦不可能意识到自己的思想对后世有什么超前的预测意义，他的知识结构和生活经历决定了他不可能像那些贵族权臣一样有所谓的“政治思想”，他的言行既出于对社会现实的清晰认识，也来自早年的宏图大志。虽然他和商鞅的思想差异很大，但最终也没能逃脱改革后的悲惨结局，这到底是其个人的悲剧，还是那个时代所注定的结果，恐怕很难说清。

赵高的密谋与血仇

赵高在历史上是个很奇特的存在。很多人似乎很熟悉他的生平，毕竟其人生跌宕与秦朝的命运息息相关，但由于历史叙述的含混与复杂，赵高的真实面孔又是非常模糊的，甚至，我们连赵高的身世都搞不清楚。

《史记》对赵高的记载不多，多集中于《李斯列传》《蒙恬列传》中，在《秦始皇本纪》中也有少量记载。事实上，赵高的确跟这三个文本中的主角有千丝万缕的联系，或是恩主，或是宿敌，或既是恩主又是宿敌。从《史记》开始，后世对赵高的评价几乎全是负面的，因为他毁掉了大秦基业，加上是宦官身份，赵高在历史上一直扮演丑角。历代正史批评赵高，可谓毫不留情面，就像一提起暴君就要猛黑桀纣一样，一提起乱臣也要首先痛斥赵高。不过，回归历史现场，从人性角度分析，事实并非这么简单。

《史记》对赵高身世的介绍集中在《蒙恬列传》中：

赵高者，诸赵疏远属也。赵高昆弟数人，皆生隐宫，其母被刑僇，世世卑贱。秦王闻高彊力，通于狱法，举以为中车府令。高既私事公子胡亥，喻之决狱。高有大罪，秦王令蒙毅法治之。毅不敢阿法，当高罪死，除其宦籍。帝以高之敦于事也，赦之，复其官爵。

太史公不给赵高设独传，大概是觉得他分量还不够，但将之安插在蒙恬和李斯的故事里，主要是因为赵高一手主导了沙丘之变，直接导致秦帝位承续出了大问题。

作为赵国王室的远支亲戚，到了赵高父亲这一代，家族早已没落。和古代史早期的宦官来源相似，赵高一家人作为战败国的俘虏被带到秦国，“赵高昆弟数人，皆生隐宫”。至于何为“生于隐宫”，历来争议不少，以至有些学者认为赵高根本不是宦官。史学家李开元先生在《说赵高不是宦阉》一文中曾指出：“赵高的母亲为何受刑和赵高兄弟数人为何出生于这种（指隐宫）地方，在道理上完全讲不通。”此处的“隐宫”应该是“隐官”，如此便能解释通了。李开元指出：“隐官是介于庶人和奴隶之间的一种身份，相当于今天的刑满释放人员。”他还考证了赵高后来并未被阉割的理由，毕竟在汉代史籍中并无证明赵高是宦官的直接材料，直到魏晋以后，赵高的宦官形象才广为人知。更何况，赵高还有女儿，并把她嫁给了当时的咸阳令阎乐。

这些理由的确值得我们对赵高的宦官身份产生怀疑，但与之相对的是，的确也没有典籍材料能证明赵高就一定不是宦官。目前能看到的资料，都只能为不同观点提供自圆其说的可能，但都无法说服对方。但考虑到赵高后来的行为，起码可知他对秦的皇族有深仇大恨，而不是进行简单的权力斗争，因为不论从哪个角度看，赵高毁掉秦朝都是一个不争的事实，而且，这个过程如此流畅，如此环环相扣，怎么看都像是一个蓄谋已久的家族复仇。

赵高和秦的关系是复杂的，虽然他对秦国尤其是秦王有刻骨铭心的仇恨，但与此同时，赵高也随秦国崛起的势力而一同成长，直到他成为陪伴秦皇左右的关键人物，他的言行可以决定万人的生死。宦官和权力的异化关系就体现在这里，更何况，赵高面对的是一个空前的、始创的皇权体制，这就更赋予了他巨大的权力欲望和破坏能力。

因为赵高身强体壮、通晓法律，“秦王闻高彊力，通于狱法，举以为中车府令”，赵高得到了中车府令这样的重要职位。虽然这只是个中阶的官职，但可以为皇帝安排车马，并能出入宫室，伴随帝王左右，往往具备一般大臣没有的特权。也正因此，赵高很快便获得了秦王的赏识，并能接触到很多宫闱秘闻和权力中枢的决策过程。虽然史书上对赵高如何赢得秦王欢心没有太多记载，但从始皇驾崩时赵高在其身边可知，他在几十年与帝王相伴的过程里，一定学到了很多为人处世的精妙技巧，也锻炼了自己精于权术的能力。

发生在始皇三十七年（公元前210年）的沙丘之变，是赵高登上权力中央的最关键一步。赵高心里清楚，只有搞定了胡亥和李斯两个人，才有可能逼退甚至杀掉自己掌权的最大阻碍——扶苏和蒙恬。哪怕是在两千多年后再看这段历史，都会觉得心惊胆战，赵高所谋真的是冒天下之大不韪，是一次只能赢不能输的超级赌博。而历史的吊诡就在这里，最后赌赢的往往不是拥有道义的一方。

说服胡亥，赵高没费太大功夫。《史记·李斯列传》上有记载：

赵高因留所赐扶苏玺书，而谓公子胡亥曰：“上崩，无诏封王诸子而独赐长子书。长子至，即立为皇帝，而子无尺寸之地，为之奈何？”胡亥曰：“固也。吾闻之，明君知臣，明父知子。父捐命，不封诸子，何可言者！”赵高曰：“不然。方今天下之权，存亡在子与高及丞相耳，原子图之。且夫臣人与见臣於人，制人与见制于人，岂可同日道哉！”

胡亥曰："废兄而立弟，是不义也；不奉父诏而畏死，是不孝也；能薄而材譾，彊因人之功，是不能也：三者逆德，天下不服，身殆倾危，社稷不血食。"高曰："臣闻汤、武杀其主，天下称义焉，不为不忠。卫君杀其父，而卫国载其德，孔子著之，不为不孝。夫大行不小谨，盛德不辞让，乡曲各有宜而百官不同功。故顾小而忘大，后必有害；狐疑犹豫，后必有悔。断而敢行，鬼神避之，后有成功。原子遂之！"胡亥喟然叹曰："今大行未发，丧礼未终，岂宜以此事干丞相哉！"赵高曰："时乎时乎，间不及谋！赢粮跃马，唯恐后时！

仔细看这段史料，会发现胡亥也不是傻瓜，他在激烈的权力斗争中，当然也想胜出，但自己的能力实在有限，若无赵高的帮助，他绝无继承帝位的可能。虽然有人怀疑沙丘密谋这段记载是后人抹黑赵高而书写的，但没法否认的事实是：胡亥在秦始皇众多王子中绝不是排名前列的继承人，不论才德，就算不是扶苏即位，也是轮不到胡亥的。而一旦其他王子即位，胡亥是否能安然存活下去，连他自己都没信心。赵高对人性的把握极为精妙，他太了解胡亥的软肋，也太了解胡亥内心所想了，他的阴谋与胡亥最迫切的需求完全吻合，只需要投其所好，加以劝服，就能完全掌控这个斗争经验不丰富的家伙。不过，赵高也清楚，要搞定胡亥即位的事情，还必须有李斯的帮助。

《史记》上记载赵高和胡亥说了这样的话："不与丞相谋，恐事不能成，臣请为子与丞相谋之。"胡亥当然是同意了。但问题的关键在于，赵高为什么相信李斯一定会帮助自己呢？这点往往被人忽视。如果李斯是一个刚正不阿、忠心耿耿的人，赵高是否还有这个信心将密谋告诉他呢？难道赵高不担心李斯告发他？

太史公在《李斯列传》开头就讲了这个故事，这也是李斯人生悲剧的根源所在："（李斯）年少时，为郡小吏，见吏舍厕中鼠食不絜，近人犬，数惊恐之。斯入仓，观仓中鼠，食积粟，居大庑之下，不见人犬之忧。于是李斯乃叹曰：'人之贤不肖譬如鼠矣，在所自处耳！'"李斯固然是不愿意做一辈子厕中老鼠的，他要做的是能在明亮的大殿上一展才华的人杰。虽然年轻时候野心勃勃不是坏事，但如果过度功利化，被欲望所控制，就会让自己陷入险境。赵高与李斯共事多年，自然清楚其性格中的优缺点，而在沙丘之变中，赵高利用李斯的缺点，玩转了整个局势。

《李斯列传》把赵高说服李斯的过程记载得很详细：

高乃谓丞相斯曰："上崩，赐长子书，与丧，会咸阳而立为嗣。书未行，今上崩，未有知者也。所赐长子书及符玺皆在胡亥所，定太子在君侯与高之口耳。事将何如？"斯曰："安得亡国之言！此非人臣所当议也！"高曰："君侯自料能孰与蒙恬？功高孰与蒙恬？谋远不失孰与蒙恬？无怨于天下孰与蒙恬？长子旧而信之孰与蒙恬？"斯曰："此五者皆不及蒙恬，而君责之何深也？"高曰："高固内官之厮役也，幸得以刀笔之文进入秦宫，管事二十馀年，未尝见秦免罢丞相功臣有封及二世者也，卒皆以诛亡。皇帝二十馀子，皆君之所知。长子刚毅而武勇，信人而奋士，即位必用蒙恬为丞相，君侯终不怀通侯之印归于乡里，明矣。高受诏教习胡亥，使学以法事数年矣，未尝见过失。慈仁笃厚，轻财重士，辩于心而诎于口，尽礼敬士，秦之诸子未有及此者，可以为嗣。君计而定之。"斯曰："君其反位！斯奉主之诏，听天之命，何虑之可定也？"高曰："安可危也，危可安也。安危不定，何以贵圣？"斯曰："斯，上蔡闾巷布衣也，上幸擢为丞相，封为通侯，子孙皆至尊位重禄者，故将以存亡安危属臣也。岂可负哉！夫忠臣不避死而庶几，孝子不勤劳而见危，人臣各守其职而已矣。君其勿复言，将令斯得罪。”高曰：“盖闻圣人迁徙无常，就变而从时，见末而知本，观指而睹归。物固有之，安得常法哉！方今天下之权命悬于胡亥，高能得志焉。且夫从外制中谓之惑，从下制上谓之贼。故秋霜降者草花落，水摇动者万物作，此必然之效也。君何见之晚？”斯曰：“吾闻晋易太子，三世不安；齐桓兄弟争位，身死为戮；纣杀亲戚，不听谏者，国为丘墟，遂危社稷：三者逆天，宗庙不血食。斯其犹人哉，安足为谋！”高曰：“上下合同，可以长久；中外若一，事无表里。君听臣之计，即长有封侯，世世称孤，必有乔松之寿，孔、墨之智。今释此而不从，祸及子孙，足以为寒心。善者因祸为福，君何处焉？”斯乃仰天而叹，垂泪太息曰：“嗟乎！独遭乱世，既以不能死，安托命哉！”于是斯乃听高。高乃报胡亥曰：“臣请奉太子之明命以报丞相，丞相斯敢不奉令！”

如果不是碰上赵高的恶计，李斯或许不会有那么悲惨的下场。其实，身在权力的旋涡中，想全身而退，本来就不容易，至于明哲保身的私心，很多人都有，也不必把所有的批评都指向李斯。但李斯的不幸在于，他内心那些躁动不安的想法，恰好碰上了最歹毒的赵高，这才让他因小恶而酿大祸，给自己和全家都带来了灭顶之灾。

这其中有两个细节，让后世颇为不解，也让沙丘之变显得十分吊诡。其一，沙丘之变应当属于惊天绝密，又不是公开演说，太史公怎么能把赵高和胡亥、李斯的对话记录得如此清晰呢？

其二，李斯为什么在如此短的时间里，就被赵高说服了？凭借李斯宦海沉浮几十年的经验，他为什么不采取更稳妥的举措，而是要将自己置于巨大风险中呢？

这两个问题也曾困扰我许久，尤其是最初读史时，我甚至怀疑过这段记述有文学想象和夸张的成分，毕竟《史记》是有一定文学性的，合理想象人物的语言、神情也无可厚非。但问题的关键在于，太史公那些所谓的“虚构”，一般只是在真实记载之上的少量联想，那些大段大段的对话，绝对不可能是纯粹的虚构。之所以后人无法确定其真实性，是因为太史公看过的材料、挖掘的史料，已经湮没在岁月的长河中了，后人无法看到。

虽然李斯后来惨被灭族，但在临死前，他很可能向家人或友人道出了沙丘之变的真相。这虽然对挽回自己的名誉帮助不大，但起码可以进一步揭露赵高的阴险与罪恶，这种可能性是比较大的。还有一种可能，就是在李斯生前，沙丘之变的秘密已然暴露，甚至被不少人所知。

《李斯列传》中有这样一句话，往往被人忽略：“书及玺皆在赵高所，独子胡亥、丞相李斯、赵高及幸宦者五六人知始皇崩，余群臣皆莫知也。”秦始皇驾崩的时候，身边除了赵高，还有至少两三个宦官[①]，这几个人后来的命运如何，我们不得而知。但他们既然能知道秦始皇已经驾崩的绝密之事，就不排除了解赵高、李斯密谋的可能性，而且这几个人很可能是赵高宦官集团中的心腹之人，来帮助赵高执行绝密行动的。否则，史书上不会出现“出场但没留名”的奇怪现象。

至于李斯的选择问题，也与这场密谋有关。因为当时的情形太过紧急，容不得人细思慢想，李斯作出的抉择，无疑也是一场赌博。按照常识，人在关键时刻的迅速抉择，往往是发自本能的，与本心的愿望相契合，李斯本来就是个人野心和投机心理很重的人，或许他在伦理感化下还能有些道德感，但在生死抉择下，他只会选择利己和自保的答案。

① 史书上说的“五六人”是包括胡亥、李斯、赵高的总人数，还是排除他们之外的人，就说不清了，但起码有两三个没留下名字的宦官在场，应该是个事实。

后面的历史被后人所熟知。《史记》上有记载："使者至，发书，扶苏泣，入内舍，欲自杀。蒙恬止扶苏曰：陛下居外，未立太子，使臣将三十万众守边，公子为监，此天下重任也。今一使者来，即自杀，安知其非诈？请复请，复请而后死，未暮也。使者数趣之。扶苏为人仁，谓蒙恬曰：父而赐子死，尚安复请！即自杀。蒙恬不肯死，使者即以属吏，系于阳周。使者还报，胡亥、斯、高大喜。至咸阳，发丧，太子立为二世皇帝。以赵高为郎中令，常侍中用事。"扶苏接到赵高伪造的秦始皇遗诏后自杀，蒙恬虽然质疑其中有假，但最后还是被赵高诛杀。胡亥顺利地当上皇帝，赵高也被任命为郎中令。

《秦始皇本纪》详细记载了赵高此后控制秦二世的过程："於是二世乃遵用赵高，申法令。乃阴与赵高谋曰：大臣不服，官吏尚彊，及诸公子必与我争，为之余何？高曰：臣固原言而未敢也。先帝之大臣，皆天下累世名贵人也，积功劳世以相传久矣。今高素小贱，陛下幸称举，令在上位，管中事。大臣鞅鞅，特以貌从臣，其心实不服。今上出，不因此时案郡县守尉有罪者诛之，上以振威天下，下以除去上生平所不可者。今时不师文而决於武力，原陛下遂从时毋疑，即群臣不及谋。明主收举余民，贱者贵之，贫者富之，远者近之，则上下集而国安矣。二世曰：善。乃行诛大臣及诸公子，以罪过连逮少近官三郎，无得立者，而六公子戮死于杜。"公子胡亥本来就没什么主见，当上皇帝后更是耽于酒色，无力治理国家，赵高不断地给他灌输各种毁害江山的"道理"，他竟然没有一丝反抗，可见其昏庸无能至极，难怪赵高选中他进行政治赌博。

此后，赵高指鹿为马也好，害死胡亥也好，杀害嬴氏族人也罢，其最终目的都在于摧毁嬴氏江山，实现自己的绝对统治。但他不能像其他篡权者那样开启世代的子孙权力承续，若是将权力交给非嫡亲者，他又极度不放心。历史在这里形成了一个奇怪的结：一个妄图改变权力格局的人却无力将权力延续下去，这不是因为其没有政治手腕，而是被生理摧残所致，摧毁这一切可能性的，正是让他产生复仇和篡权念头的秦人。或许赵高也感觉到了其中的矛盾，但他陷入其中无法自拔，只能在更加疯狂的复仇中激起更大的仇恨。

宦官制度是君主专制体制中的一个毒瘤，它为这个庞大的体制所服务，但往往也会摧毁既有的体制格局。赵高是中国古代史上首个以一己之力来摧毁这个体制的宦官，但他以极端的手段换来的不是太平秩序，而是加倍血仇与连天战火。赵高的人性或许在深宫的畸形生活里早就被异化，但历史上有多少像他这样被一个罪恶的体制所摧残、绑架的人，连最基本的反抗意识都没有呢？赵高能得以复仇，埋葬了仇敌，也埋葬了自己，这到底是他的幸运还是不幸？

燕然勒石与记忆之痕

时光无法倒流，但能借助文物触摸到最鲜活的历史，无疑是今人的幸事。2017 年，内蒙古大学发布了一条堪称石破天惊的消息："7 月 27 日至 8 月 1 日，中国内蒙古大学蒙古学研究中心与蒙古国成吉思汗大学合作实地踏察，解读东汉永元元年（公元 89 年）窦宪率大军大破北匈奴后所立摩崖石刻。经过认真辨识，初步确认此刻石即著名的班固所书《封燕然山铭》。这是中蒙合作所获重大考古发现，详细的经过、内容以及资料整理和解读正在进行中。"

燕然勒功，封狼居胥，是古代中原王朝展示武力功业的巅峰业绩。不同于后世那些在学院里孜孜矻矻的书生，班固随军出征，记录下了第一手的历史。东汉永元元年（公元 89 年），窦宪率大军大破北匈奴，作摩崖石刻文《封燕然山铭》，成为千古名篇。后世谈及追求功勋，亦以燕然勒功为寄托，如明代文人徐熥在《送李太守擢宪滇南》中有云，"他日勒功留片碣，点苍如黛石嵯峨"，便是语出窦宪破匈奴的掌故。

燕然勒功之所以重要，在于它标志着汉朝彻底击垮北匈奴的势力，中原王朝与北方匈奴三百多年的战与和，最终以汉朝"虽远必诛"的胜利落幕。说起匈奴这个民族，它是秦代以来第一个对中原王朝构成军事威胁的游牧族群，但按照司马迁的考证，匈奴一脉，追本溯源仍与中原人始祖相同。

《史记·匈奴列传》中写道："匈奴，其先夏后氏之苗裔也，曰淳维（獯鬻、熏育）。唐虞以上有山戎、猃允、薰粥，居于北边，随草畜牧而转移。"换言之，匈奴始祖淳维还是夏朝王子呢，在讲究血脉宗亲的传统观念里，匈奴侵犯中原，是数典忘祖的事情。只是，匈奴人不这么看，目前学术界对匈奴的起源，仍有夏朝说、东胡说、突厥说、羌人说等多种看法。不论怎样，从历史上讲，从夏商之交到秦汉之交，匈奴的迁徙历史颇为混乱，因为缺乏文字记录，即使淳维这个上古始祖真的存在，匈奴人也只能将他视为精神偶像，在现实中，他们需要一个真正强有力的领袖，来重塑本族的文明与记忆。

头曼单于终结了匈奴混乱无序的历史。不过，他很快被他的继承人、匈奴史上最有名的领袖人物冒顿单于杀死。司马迁以令箭鸣镝的故事来讲述冒顿单于的夺权之路，不论故事的这些细节是否真实存在，从中能看到的是，冒顿单于结束了过去各部落的权力分散局面，集中权力将近乎一盘散沙的匈奴各部凝聚起来。

一旦游牧民族出现了一个统一而强大的权力中心后，它的军事力量就足以威胁到中原王朝，后世的完颜阿骨打、成吉思汗莫不如此。冒顿单于在打击东胡后，将刚刚诞生的汉朝当成猎物。由此，也就有了后来著名的白登之围、吕后书信受辱等事。如果说刘邦从白登之围脱险有运气的成分，冒顿单于晚年不得不放弃图取中原的念头，则因中原王朝正在休养生息中逐渐恢复实力。冒顿单于之后的上百年里，汉匈之间或战或和，边境战事祸及黎民百姓，此处暂不多谈，而双方的和亲则是政治博弈。

博弈带来的是汉匈之间更多的互相了解。汉朝逐渐摸清了匈奴的文化习性和军事能力，匈奴也在了解汉文化中，被其先进一面所吸引，但也找到了自己以战求和的定位。随着汉朝国力的提升，汉武帝时期（匈奴伊稚斜单于时期）发动了漠南之战、河西之战、漠北之战等多次大规模战争，从过去一味防守、和亲的保守抵抗姿态，转变为主动打击对手。很多人了解的汉匈之战，正是武帝的多次用兵，汉朝在收复大量失地的同时，匈奴也遭遇了沉重的军事打击，“封狼居胥”便是这段赫赫武功的象征。

此后很长一段时间，匈奴陷入衰落与内乱，再也无力侵扰中原。公元前60年，匈奴内部的日逐王先贤掸与握衍朐鞮单于发生争斗，日逐王降汉，匈奴被迫放弃了西域。此后，汉朝控制了西域，匈奴势力范围再次减小。其后，汉匈关系战和不定，各有输赢，直到东汉国力渐强后，才有了彻底击溃匈奴的实力。

从白登之围的耻辱为开端，到三百年后的燕然勒功，“大汉天声”最终扬眉吐气，“且兹所谓一劳而久逸，暂费而永宁者也”。经此一役，匈奴再无实力与汉朝对抗，用“一劳永逸”来评价这次胜利也不夸张。不过，这还不是汉朝和匈奴的最后一次战役，永元三年（公元91年），耿夔率领军队在漠北金微山大破匈奴，毫无悬念地击垮了匈奴最后的有生力量。金微山大概位于今天的阿尔泰山一带，这是汉匈交战中，汉军深入匈奴后方最远的战役之一。此后，匈奴残部只好西迁康居，逐渐向中亚、西亚一带转移。

今人解读历史问题，叙述者和被叙述者的界限已经逐渐模糊，燕然勒石是今人能幸运地见证历史现场的实物载体。美国人类学家克利福德·格尔茨在《文化的解释》中试图用符号学来构建历史的版图，从这个意义上讲，燕然勒石就是汉匈关系、东汉政治军事史上重要的符号，拆解掉后世对这段历史的各种阐释便会发现，燕然勒石背后承载的是古

蒙古高原的广袤土地，见证了太多金戈铁马、刀光剑影，最终留下的是平静

人对国家疆域版图的想象。

古代国家的边界意识并不像今天这么清晰，寸土必争的前提是现代地理科学和地图测绘技术的诞生。但这不是说古代不存在明确的国家边界，在人口稠密的农耕区域，别说是国界，就是一级行政区的区界也可能是清晰的，但在自然条件恶劣的地区，比如高山峡谷、荒漠冻土、包括人迹罕至的茫茫草原上，一些国界并不清晰。比如中原王朝对北方游牧民族之间的疆域意识，与其说存在“地理国界”，不如说是一种想象中的“文化国界”。

古代中国人对疆域和地理的看法基于一种文化辨识，便是所谓的“华夷之辨”。尤其在遇到军事威胁时，文化上的中心论往往能让古人产生自信与宽和的观念，这不同于现代意义上的民族主义。所以看待汉匈关系，从民族主义立场揣测古人所思所想并不合适，这也是为什么燕然勒功之后，汉朝无意侵占匈奴疆域，只是夺回“失地”——传统意义上的大漠以南的疆域。这固然有自然地理上农牧分界的因素，但也与文化观念有关。既然匈奴已经被击溃，其中一部分匈奴人也愿意汉化，也就不存在明显的矛盾了。况且，司马迁叙述的历史观对知识分子影响实在太大——既然匈奴的祖先也属于华夏一脉，本是一家人，只要让其归化便可。

另一个问题是，为什么燕然勒功会被视为汉朝军事能力威慑的极限，“虽远必诛”的“远”为何会定在这里呢？其实，相比汉朝军队向漠北的深入程度，后世很少有中原王朝能将兵锋所指达到同样的程度，他们甚至连幽云十六州都控制不了，谈何更广阔的纵深？燕然勒石是当时匈奴人军事力量集结的地方，再往北并非无人居住，只是汉朝认为没必要再往北打了。在匈奴西迁康居的时候，原来匈奴势力范围的北部还有坚昆、丁零，东部有新崛起的鲜卑，以及更东面的肃慎，而最北面的丁零，也只不过在贝加尔湖附近，但这已经是中原人对地理了解的极限了。所以，在燕然勒石击溃匈奴后，已经到达中原王朝对地理认知的极限了，由此认为“天下”都归汉也未尝不可。

“文化国界”还存在于古人对异邦的想象中。匈奴有没有侵扰过更北方的蛮族？其统治范围的北疆界限，似乎一直没被纳入古人的精准描述里。即使是出使西域，在当时也有些探险的意味，更不用说向更北方的探索了。

比如，谭其骧先生主编的《中国历史地图集》里将元朝的北疆直接画到了北冰洋的边上，岭北行省横跨蒙古高原、西伯利亚，但元朝人到底有没有抵达北冰洋，至今仍有争议。从可考的史料上看，有材料称“诏瑞等入北海，往返数年，得日不落山”，所谓日不落之山，顾名思义，也就是太阳长年不落的地方，也就是存在极昼现象的地区。元朝曾涉足北极圈是有可能的，可若将广袤的北冰洋沿岸的土地都纳入版图，从“地理国界”上讲，或许有些夸张。但是，从“文化国界”上看，当时北冰洋沿岸毫无人烟，即使是现在，大量冻土地带也近乎无人区，既然无人，从文化上统摄周边地区，进而辐射这些无人区，也是讲得通。同样的道理，匈奴人有没有去过更远的地方并不重要，只要他们的文化核心地带在蒙古高原，就已经满足了中原王朝对匈奴疆域的想象，二者的军事冲突也会围绕核心地带展开。当匈奴溃败后，汉朝也不会去做“地图开疆”的事情，就是因为无此必要，只要让他们在文化上归化，同时消灭一些不肯归化的残部就可以了。

也正是因为如此，才能明白燕然勒功的威慑意味。班固在《封燕然山铭》中赞扬窦宪率领的汉军为“鹰扬之校，螭虎之士”，浴血奋战，克敌无数，堪称“陵高阙，下鸡鹿，经碛卤，绝大漠”，直到“蹑冒顿之区落，焚老上之龙庭”。此次功勋的历史意义怎么评价都不为过，即使是颇有历史洞悉力的班固，此时也毫不谦虚了。碑文上记载，“上以摅高、文之宿愤，光祖宗之玄灵；下以安固后嗣，恢拓境宇，振大汉之天声”。千年前的刀光剑影早已在时间淘洗中湮灭，但石刻能讲述的故事，依然清晰可辨。

晏殊的幸运与北宋的困境

公元 1019 年，曾被誉为“少年神童”的晏殊，从京城短暂回到故乡临川，吟诵下“一曲清歌满樽酒，人生何处不相逢”的千古名句。从北宋开国至今，身处中原腹地的东京始终是名满天下的城市，文人墨客都无比渴望自己能扬名京城，但并不是每个人都有这样的好运。已经当上太子舍人的晏殊就是其中的幸运儿，他在未来将出任大宋宰相，成为词坛婉约派大师。

晏殊当时并不知道，日后声震文坛的司马光、曾巩正是在这一年出生，他们的个人命运与国运将密切关联。但北宋的读书人对本国之外的世界缺乏了解，“天下”意识掩盖了现实的问题。深居宫廷的宋真宗似乎还没意识到，在皇宫西北一千公里外的地方，党项族的势力正在壮大，他们的首领李德明继承了其父李继迁的野心，正在为党项进一步争夺生存资源而卧薪尝胆。或许他已经预见到，不久后，他那位雄心勃勃、雄才大略的儿子——李元昊，将在未来创建属于党项的强大国家。

不过，周边势力一直都在提防正在崛起的党项人，尽管他们未必能预料到，在 21 年后，一个名为“大白高国”政权的出现——它在史书上被称为西夏，是曾与辽、宋并存的强大国家。对当时的人来说，这一

一度强盛的西夏，历经时光的淘洗，留下了
一些神秘的文字

年的天下局势看似波澜不惊，既不是热血年代，也不是黄金岁月，而是一个十分普通的年份。但其中酝酿着历史走向的不同可能，却让人无从把握。

用这种“上帝视角”来理解当时的人的行为，是很不合理也不公平的，但却能多一分理性与反思。晏殊身处的年代，正是宋代的经济与文化蒸蒸日上的时期，却也为后来的颓败埋下了伏笔，这些伏笔不只是制度上的，更是文化层面的问题。

晏殊的一生简直是古代文人艳羡的完美典范，古代文人常有的颠沛流离与郁郁不得志，在他身上都少有体现。《宋史》有关晏殊的记载开篇就提到：“（晏殊）七岁能属文，景德初，张知白安抚江南，以神童荐之。帝召殊与进士千余人并试廷中，殊神气不慑，援笔立成。帝嘉赏，赐同进士出身。”以“神童”身份登上文坛和与政坛，成了历史对晏殊最初的记录，他自己也从不讳言这种天分与机遇，从其诗文中，能看得出一个极度自信又大气的读书人形象。

这种自信也体现在了他对文学的理解上。与欧阳修等人不同，晏殊不太赞同诗词要反映民间疾苦，其诗作也多为讴歌太平之音，虽然这是文学观念，却也与其现实生活的体验密不可分。纵观晏殊的一生，很少能看到其怨天尤人之时，他的诗文少有对现实困境的反思，而是一种近乎简单的“直线思维”，把现实的复杂与生活的多样抹去，将诗词当成把玩趣味的载体。

晏殊的文风可谓清丽典雅，看起来中规中矩，分寸感把握得非常好。这种中庸圆润的性格在仕途上比较好用，也让晏殊一生都做了“太平宰相”，但用在诗文创作里，就难免让人觉得乏味。后世熟知的那首《浣溪沙·一曲新词酒一杯》，里面虽有淡淡的哀愁感，却没有力透纸背的深刻意味，更像是一个达官贵人厌倦了世俗风景后的遣兴之作，这种清丽淡雅的风格在其作品中颇为常见，这大概也能反映其内在的性格。

不过，史书上对晏殊性格的记载有不同的另一面。《宋史》上说“殊性刚简，奉养清俭”，晏殊性格里刚毅直率的一面，也让他避免成为那种油滑的政客，还是保持了读书人的定力。只是由于其顺遂的经历与乐观的性格，让后世对其多有误解，要么认为他是个精致圆滑的人，要么觉得他缺乏济世之才。用这两种极端看法来看晏殊其人和那个时代，恐怕都是有失公允的。

晏殊的幸运在于他正好赶上了宋朝国力逐渐上升的时期，但也正因为身处这样的历史进程中，他和他那一代文人更相信太平盛世至少是治世的存在是合理的，但在当时难以预知的是，这几十年的整体和平在历史上都是罕见的。朝廷上较为宽松的政治氛围也让晏殊这些文人更加自信，既相信自己的才情可以利国济世，也相信历史的逻辑会在自己的掌控中持续下去。

但是，北宋的困境在当时已经逐渐显露，只不过尚没有危及其核心利益。后世在批评北宋之于历代大一统王朝中版图太小的时候，往往会给出失去“幽云十六州”对军事部署与作战能力的伤害作为理由，却忽略了宋人长期存在的内倾型性格。用简单的“重武轻文”逻辑来解释它是不够的，更重要的是，类似晏殊这样顺遂的文人掌握了更多行政层面的权力，他们也会在强烈信心的作用下对国家实施理想主义的改良措施，这些举措可能会有更长远的眼光，会在一些宏大的命题上有所建树，却未必能解决眼前的最现实问题。幸运的是，他们面对的现实问题往往又不是最急迫的，而对于更重要的问题，比如与周边游牧民族政权博弈的问题，却在太平时代难以作出击中关键的决策。

晏殊之子晏几道就没有这么幸运了，他早年遇上家道衰落，晚年也几乎到了王朝崩溃的边缘，在他死后17年，靖康之耻让皇族蒙羞蒙难，无数臣民也横遭厄运。晏殊在富贵的生活里吟唱的诗句，有种淡淡的哀愁，尽显贵族气的清雅，但所谓哀愁也只不过是雍容生活的佐料与点缀，而晏几道的词风则与其人生遭遇一样，充满了凄迷的哀怨与深沉的忧思。每当晏几道回想起早年的惬意生活时，又怎能不低吟浅唱出“今宵剩把银釭照，犹恐相逢是梦中”？这又岂止是对情爱逝去的喟叹？但身处历史当中，像晏殊和晏几道这样的文人们又怎能看得清自己的宿命呢？

钓鱼城下的世界战局

明代文人杨慎的诗《钓鱼城王张二忠臣》中写道:“钓鱼城下江水清，荒烟古垒气犹生。睢阳百战有健将，墨翟九守无降兵。犀舟曾挥白羽扇，雄剑几断曼胡缨。西湖日夜尚歌舞，只待崖山航海行。”此处的“王张”所指的便是南宋抗蒙的将军王坚和张珏。钓鱼城被后世称为“上帝折鞭处”，是因为此处拦住了蒙古大军的南下之路，一代枭雄蒙哥大汗也在钓鱼城下身死。

按照《元史·本纪卷三》的说法，蒙哥“刚明雄毅，沉断而寡言，不乐燕饮，不好侈靡”，他继承了成吉思汗以来的蒙古大汗的刚勇强悍，却有更加冷静和执着的意志，蒙哥继承汗位，能得到蒙古各部族的认可，他也继续拓展着蒙古帝国的版图。但就是钓鱼城这样一个弹丸之地，却阻断了他原本势不可当的锐气。

蒙哥曾率军转战南北，有丰富的作战经验，在攻打钓鱼城前，“蒙古兵破利州、隆庆、顺庆诸郡，阆、蓬、广安守将相继降”①，很多城池相继落入蒙古军之手，由于蒙古军常采取屠城的残暴策略，很多抗蒙守军不得不开城投降，以免遭受屠戮之祸。蒙哥希望劝降钓鱼城守将

① 出自《续资治通鉴》。

王坚，便派出之前投降的宋将晋国宝前去游说，却不料王坚痛斥了晋国宝的叛国行为，并杀之祭旗，史书上有言“蒙古主命降人晋国宝招谕合州，守臣王贤（坚）执之，杀于阅武场”。蒙哥的愤怒是不难想象的，但不可一世的他的确遇到了一生中最大的劲敌，似乎命运都在跟他开玩笑，雄霸东西方的帝国统帅竟然被一个小小的山城拦住了前进的步伐。

《元史》上有记载：“二月丙子[①]，帝悉率诸兵渡鸡爪滩，至石子山。丁丑，督诸军战城下。辛巳，攻一字城。癸未，攻镇西门。三月，攻东新门、奇胜门、镇西门小堡。夏四月丙子，大雷雨凡二十日。乙未，攻护国门。丁酉，夜登外城，杀宋兵甚众。五月，屡攻不克。六月丁巳，汪田哥复选兵夜登外城马军寨，杀寨主及守城者。王坚率兵来战。迟明，遇雨，梯折，后军不克进而止。是月，帝不豫。秋七月辛亥，留精兵三千守之，余悉攻重庆。癸亥，帝崩于钓鱼山，寿五十有二，在位九年。追谥桓肃皇帝，庙号宪宗。”

因为地势险要，加上对手顽强的抵抗与科学的战术，蒙哥统帅的蒙古大军在钓鱼城前久攻不下。熟悉蒙古军事策略的人都知道，蒙古军队极其擅长在开阔原野上纵马驰骋，大规模的骑兵战斗是蒙古军最拿手的，而清凉的气候也会帮助他们保持强悍的战斗力。但在钓鱼城下，蒙古骑兵的优势全然发挥不出来，崇山峻岭的地形只允许蒙哥率领军队从艰险的山路上行进，而居高临下的钓鱼城守军可以以逸待劳，潮湿炎热的气候不仅让蒙古士兵战斗意志下降，还让军中疫病流行。虽然有关蒙哥的死因，在历史上有不少争议，疫病说和炮击说各有道理，还有不少人认为蒙哥是被飞石或流矢击中，或当场阵亡，或病重不治。但不管怎么说，蒙哥大汗的死跟钓鱼城久攻不下的形势有直接关联，也有不少蒙古将士在攻城中阵亡，可谓损失惨重。

① 即公元 1259 年。

如果蒙哥的殒命是一个孤立事件，钓鱼城之战或许并不会成为历史上举足轻重的转折点。但是，历史往往会在人意想不到的地方发生着变化，蒙哥的死打乱了在万里之外正进行的蒙古第三次西征的计划，旭烈兀不得不从遥远的西亚战场回到中原王朝，来帮助忽必烈谋取大汗之位。这到底怎么回事呢？

众所周知，自成吉思汗之后，蒙古帝国的汗位都在黄金家族一系传承，继承人问题搞不好，很有可能导致帝国权力的分崩离析。所以，历代大汗都非常注重对继承人的指定和培养，但仍有很多现实因素会干扰预先的安排。成吉思汗死前指定窝阔台为继承人，但仍受到蒙古各派勋贵势力的干扰，只得让成吉思汗的幼子拖雷暂时监国，两年后才在库里台大会上真正确认了窝阔台的大汗地位，而且这还是经过相对温和争执后的结果。在窝阔台之后的大汗是贵由，再之后便是蒙哥，但在此中间，还出现过乃马真后和海迷失后短暂的称制时期。可见，蒙古帝国每任大汗登基，都要面对复杂的权力斗争和政治形势。蒙哥大汗身后留下的巨大权力真空，自然也会吸引野心勃勃的年轻贵族们的目光。

此时的蒙古帝国正面临分裂的局面。坚守在塞北草原哈拉和林的阿里不哥决定和四哥忽必烈一决胜负，他们分别在各自的势力范围内继承了汗位。他们都是拖雷的儿子，作为拖雷系里最有实力的继承人，他们之间的争斗直接决定了蒙古帝国未来的命运。此时的蒙古帝国疆域空前辽阔，从当时来看，人类历史上从来没有出现过如此巨大的帝国，东亚和中西亚的大量土地空前地被一个国家连接在一起，塞北草原、青藏高原和云南的广阔土地也首次融为一个国家的领土。

但是，阿里不哥与忽必烈长达四年的内战导致了蒙古帝国权力的分崩离析，因为这不只是两个大汗的争斗，其他黄金家族的成员和蒙古帝国的勋贵们也必须在这场争斗中站队。当时，金帐汗国（术赤系）与察

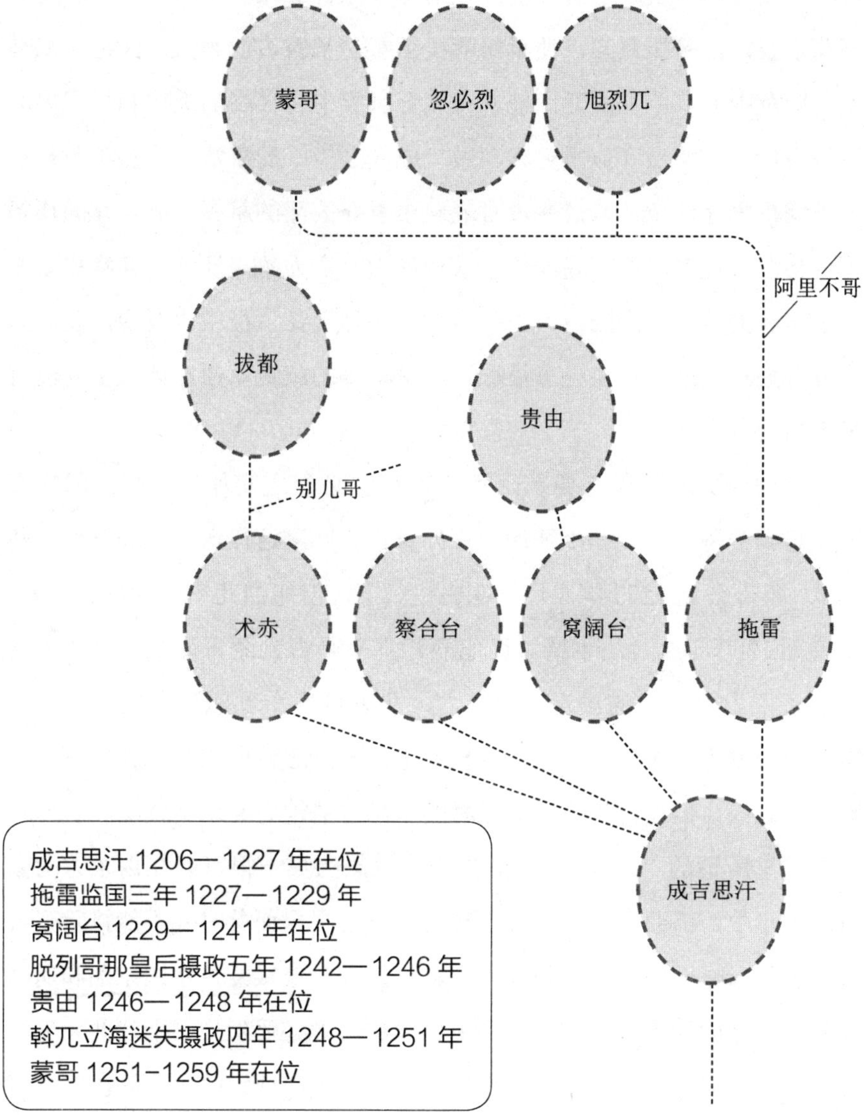

“大蒙古国世系图”，展现了从成吉思汗到忽必烈之间的传承关系

合台汗国（察合台系）都支持阿里不哥，可以看出，他的支持者都是蒙古的旧派势力，反对忽必烈的汉化思想。但有一派力量对忽必烈的支持至关重要，便是旭烈兀，他早年随拔都参与了蒙古的第二次西征，戎马生涯遍及中亚草原和西亚山地，在黄金家族中有很高的威望和很强大的军事力量。但旭烈兀似乎更喜欢做“成人之美”的事情，他当年曾帮助大哥蒙哥争夺汗位，自己并没有表现出争夺大汗的意图。旭烈兀的抉择可谓精明，他自己不争夺汗位，或者说没有实力争夺汗位，其实也就避免了一旦失败所带来的巨大的风险，而旭烈兀在西征中也发现，遥远的西方有大片土地等待自己去征服，水草丰美的蒙古草原对他似乎并没有很大的吸引力。

旭烈兀原本并没必要在阿里不哥和忽必烈之间作出抉择，因为没人能想到蒙哥大汗会在南征途中意外身亡。回溯这段历史，会发现一些细节：蒙哥公元1259年8月死在钓鱼城下，但旭烈兀率大军返回东方，是公元1260年2月的事情。而旭烈兀几乎是得到蒙哥死讯的同时，就作出了主力军撤退的决定。换言之，从蒙哥殒命到旭烈兀明确得知此事，至少过了半年的时间。在今日看来，如此缓慢的讯息传播速度，简直不可思议，但这也大致符合当时的讯息传播能力和现实状况。

这里所谓的“现实”，指的是传递讯息的兵士很可能在由东方向西方的奔走中，需要向沿途的各个权力据点通报，而此时并不能排除察合台汗国和金帐汗国（尤其是前者，它恰好处在连接蒙古帝国东部和旭烈兀掌控区域的连接地带）刻意拦下讯息的可能。虽然史书上对此并无详细记录，但旭烈兀如此急促地作出回撤的决定，或许暗示了这段非常时期里更复杂的可能性。

旭烈兀自在蒙哥大汗的谋划下发起西征后，已经攻灭了多个政权，西亚的广袤土地已经落入蒙古的势力范围。蒙哥在钓鱼城下殒命的时候，旭烈兀正在分兵向地中海东岸进军。伊尔汗国的史学家拉施特在《史集》中对这段历史有相对详细的记载。根据相关史料，公元 1259 年 9 月，旭烈兀大军渡过额弗剌特河，命大将怯的不花为先锋，直奔叙利亚的阿勒颇城。公元 1260 年 1 月，旭烈兀与叙利亚军队在阿勒颇城展开激战，守城将军木阿匝木王顽强抵抗，但最终不敌蒙古铁骑的攻势。旭烈兀攻下阿勒颇城后，兵锋直指大马士革，国王纳昔儿只好向埃及的马穆鲁克政权求援，但当时马穆鲁克内部不稳定，无法派出援兵。不久后，旭烈兀的先锋怯的不花攻占了大马士革，强大的叙利亚也没有抵挡住蒙古西征大军。与此同时，旭烈兀派出的另一支由郭侃率领的军队攻占了富浪国[①]，地中海沿岸国家一时极度警惕旭烈兀的进攻。但就在此时，便发生了上文所说的蒙哥死讯传来的事情，旭烈兀在震惊之余立刻作出了回撤的选择，其中隐含的问题不难想象：既然第三次西征的命令都来自蒙古大汗，如今大汗之位空缺，还有什么比稳固内政更重要的事情呢？

旭烈兀几乎撤回了西征大军的全部主力，只留下怯的不花率领少量兵士继续进攻马穆鲁克王朝。此时，非洲的门户就在蒙古军队眼前。公元 1260 年 9 月，艾因扎鲁特之战爆发，怯的不花的蒙古军队与忽都斯·贝尔巴斯率领的马穆鲁克军队展开殊死搏斗。面对紧急的形势，擅长骑射的马穆鲁克将士展现了强悍的战斗力，寡不敌众的蒙古大军陷入重围，最终兵败，几乎全军覆没，怯的不花也被俘身死。由于主力撤退，大将败亡，旭烈兀西征也宣告结束。马穆鲁克的苏丹忽都斯·贝尔巴斯一时名声大噪，却因为封赏没得到部下的满意，竟被大将拜伯尔斯暗杀。其实，忽都斯·贝尔巴斯也不过才当了一年的苏丹，不难想象当时的马穆鲁克内部也不稳定，各种势力斗争仍存在。拜伯尔斯成为马穆

① 史学家多认为此地即塞浦路斯岛。

鲁克新的统治者后，采取了一系列军事和外交手段，与西亚地区的蒙古军队展开斗争，还一度联合金帐汗国来对抗旭烈兀后来创建的伊尔汗国，令马穆鲁克王朝的影响力大增。

不过，这些都是后话了。回顾这段历史，会发现艾因扎鲁特之战成为钓鱼城之战后又一个决定东西方命运的重大转折点，它不只终结了旭烈兀西征的步伐，而且此后蒙古的势力范围再也无力进入地中海东岸，至于攻打非洲，就更不可能了。而在另一边，旭烈兀在帮助忽必烈战胜阿里不哥后，虽然制止了蒙古内部出现南北对峙的政权，但横跨东西亚的蒙古帝国在实际上已经分崩离析。

就在忽必烈即位后不久，窝阔台之孙海都终于叛乱，这不仅是因为他依附的阿里不哥已经争权失败，更在于统治中亚许久的窝阔台系势力早有独立建国之心。之后，忽必烈所统治的元朝与旭烈兀所统治的伊尔汗国还一度保持了较为紧密的关系，但察合台汗国、金帐汗国、窝阔台汗国与它们的关系却日渐疏远，甚至兵戎相见，再也没有哪个大汗能掌控此前辽阔的疆域了。

由此不难看出，要放眼世界来解读钓鱼城之战的转折意义，一个意外的事件导致了整个世界战局和政治格局的变化，这或许是偶然的。但是，盛极而衰的规律在任何历史时期都是无法改变的，蒙古帝国此前经过急速的扩张，在内部已经出现了巨大的裂隙，而在生产力相对落后的13世纪，没有哪个政权的统治者可以忽视本地的历史文化与国民风俗，因地制宜地制定政策和规章，成为成吉思汗的后代们无法逃避的选择。也正因此，忽必烈选择汉化政策，既是其个人思想和旨趣的体现，也是现实的必然选择。而事实上，汉化并不彻底的元朝并没有摆脱“胡虏无百年之运”的说法，或许其宿命在政权更迭的诸多细节里早已注定？

耶律楚材还能怎么抉择

公元1211年，当成吉思汗的铁骑在野狐岭与金朝军队激战时，耶律楚材才21岁，但他正在胸怀壮志，准备与皇帝一起，把即将侵入中原的蒙古人打退。然而，历史的天平在这一刻倒向了蒙古人，经过几十年的享受与挥霍，这个由完颜阿骨打的子孙们撑起的国家，正面临着前所未有的威胁。野狐岭一战，金朝精锐尽失，甚至连皇帝金宣宗也南迁至汴京，一时间，金国危亡的恐惧气氛笼罩在中原大地上。

耶律楚材选择留在了距离蒙古人更近的金中都，也就是今天的北京。这个安葬了数代金朝皇帝的龙脉之地，正在被完颜家族所抛弃。公元1215年，成吉思汗的大军攻入中都，大量百姓被杀、被俘，大量房屋化为焦炭，文人墨客早已四散逃窜，对住在中都的金国人来说，这如同世界末日的降临。

成吉思汗入城后，点名要见耶律楚材。此时的耶律楚材已经享有美誉，在年轻一代的知识分子中有很高的地位。成吉思汗也明白，征服这个文人的代表，就能更好地在文化上控制被征服地，毕竟，历史上类似的事情曾无数次上演，只是有人选择宁死不降，有人选择主动归顺，而耶律楚材的纠结与挣扎，也就从这里开始。

耶律楚材内心的矛盾，在当时很难被人理解，在后世也往往被人忽视。虽然后世对耶律楚材的评价几乎全是正面的，但他内心的挣扎乃至贯穿始终的自我怀疑、自我批判，却湮没在他让人羡慕的济世成就之下。

按照儒家要求读书人忠君爱民的意识形态范式，耶律楚材的祖辈已经违背过其中的精神。其家族本是契丹皇族后裔，出仕金朝已是一次背叛。而且，耶律楚材祖辈受到了金朝皇帝的垂爱，他选择投奔成吉思汗，就是第二次背叛。尽管他的祖辈们以及家族其他成员不一定会有如此强烈的忠君思想，但耶律楚材毕竟从小受到儒家正统学说影响，在混乱的局势中作出艰难抉择，他的内心不可能不挣扎，不可能不痛苦。

他不得不立刻作出一个明确的抉择，是“以死明志”还是“以生践志”。面对这个选择，他无法逃避，甚至此时已经无法选择隐居田园，他的名字早已上了成吉思汗手中的花名册，蒙古人也知道，他们要治理被征服的地区，只靠武力是不行的，耶律楚材是他们必须得到的人。

《元史》上有记载：“太祖定燕，闻其名，召见之。楚材身长八尺，美髯宏声。帝伟之，曰：辽、金世仇，朕为汝雪之。对曰：臣父祖尝委质事之，既为之臣，敢仇君耶！帝重其言，处之左右，遂呼楚材曰吾图撒合里而不名，吾图撒合里，盖国语长髯人也。”

耶律楚材被成吉思汗看上，除了其学识丰厚、外表不俗外，更在于他算是个“杂家”，既是帝王身边绝佳的谋士，又是能占卜吉凶的高人。每次作出重大决策尤其是出征之前，成吉思汗都要问问耶律楚材的意见。

正如史书上所记载的：“己卯夏六月，帝西讨回回国。祃旗之日，雨雪三尺，帝疑之，楚材曰：玄冥之气，见于盛夏，克敌之征也。庚辰冬，大雷，复问之，对曰：回回国主当死于野。后皆验。夏人常八斤，以善造弓见知于帝，因每自矜曰：国家方用武，耶律儒者何用。楚材曰：治弓尚须用弓匠，为天下者岂可不用治天下匠耶？帝闻之甚喜，日见亲用。西域历人奏五月望夜月当蚀，楚材曰：否。卒不蚀。明年十月，楚材言月当蚀，西域人曰不蚀，至期果蚀八分。壬午八月，长星见西方，楚材曰：女直将易主矣。明年，金宣宗果死。帝每征讨，必命楚材卜，帝亦自灼羊胛，以相符应。”

正因为耶律楚材的预测屡屡应验，成吉思汗对他更不敢怠慢，还要求其他王公贵族尊重这个来自异国的高人，他曾对继承人窝阔台说：“此人天赐我家。尔后军国庶政，当悉委之。”

耶律楚材倒也很佩服这种信任，并借助它实现自己本来的目的。耶律楚材之所以选择加入成吉思汗的阵营，是因为他看到只有这个来自蒙古草原的枭雄才有可能统一中国。天下战火熊熊，但割据纷争只会造成更大的毁灭，虽然成吉思汗所到之处也都是一片杀伐，但他总幻想着自己毕竟能影响到这个能决定千万人性命的强人，既然不能阻挡他的步伐，那就想办法改变他的思想。

从某种意义上讲，这是一个颇有理想主义色彩及权变思维的想法。耶律楚材跟随成吉思汗西征，让他的人生前景更加宽广，但也增加了更多不确定性。从华北平原到漠北草原，从天山大漠到西域雪岭，耶律楚材跟随成吉思汗的军队征伐上千公里，他见到了太多书中看不到的东西，也更晓得了世界之大，远远超过中原文人的想象。

在征伐花剌子模中，耶律楚材多陪伴在成吉思汗的左右。这场决定未来中亚地区霸主地位的大战，在血腥屠戮中展开，耶律楚材不忍看到那么多百姓命丧刀剑之下，更不忍看到赤地千里的景象在河中地区上演。然而，这一地带自古就是四战之地，阿姆河、锡尔河一带虽有大量荒野，但在沙漠绿洲和河边的良田之上，仍聚集着大量人口。每一个横跨欧亚的强盛帝国，都希望控制河中地区，似乎只有这样，才能显示自己的赫赫武功。花剌子模虽然不如之前的阿契美尼德王朝、亚历山大帝国如此幅员辽阔，但毕竟是辉煌一时的中亚大国，其威慑范围直接冲击到了地中海东岸，这不能不让耶律楚材感到焦虑与惶惑。

然而，这场血战不得不发生，成吉思汗用两三年的时间就让花剌子模的国土陷入了分崩离析的状态，蒙古人在河中地区攻占了数十个城市，大量花剌子模人被屠灭。耶律楚材曾在西行途中写下诗作："寂寞河中府，连甍及万家。葡萄亲酿酒，杷榄看开花。饱啖鸡舌肉，分餐马首瓜。人生唯口腹，何碍过流沙。"不过，随着战事的吃紧，整个花剌子模陷入战火，耶律楚材除了偶尔欣赏下异国风景外，实在没有心情品尝当地的美酒佳肴了。

这种想法与成吉思汗完全相反。为了征服这片土地，成吉思汗必须和他的蒙古将士们血战到底，直到花剌子模的国王摩诃末逃到里海的一个小岛上，他们仍然要追击残余势力，直到灭亡整个花剌子模。耶律楚材虽然经常劝说成吉思汗"好生恶杀"，但他知道，自己哪怕舌灿莲花，也无法改变大汗那颗铁石般的心。

每每在异乡的深夜里，看着眼前营地里闪烁着的孤独的火光，耶律楚材无法忘记自己从小到大被圣贤教诲的种种道理，他选择投靠蒙古人，不是为了苟活，更不是为了投机谋利，而是想感化这些野蛮的军队，用圣贤之道给予他们文明的素养。可是，在花剌子模发生的一切，让他无时无刻陷入自我怀疑的纠结中。

耶律楚材想到了在道教信徒中威望很高的长春真人丘处机。成吉思汗也时常听人推荐丘处机，便想让耶律楚材写信邀请丘处机来花剌子模会面。耶律楚材是个儒释道领域都有涉足的通才，但他的底色还是个儒生，满脑子想的都是平治天下的道理，他在郁郁不得志的时候，也会通过阅读佛学的典籍来自我调节，正所谓“以儒治世，以佛治心”，而他对道教的学说，并不是特别认同，但必要的尊重还是有的。因此，请丘处机前来会面，主要是借此感召成吉思汗，劝说大汗结束战争，休养生息，至于儒道观念的相争，反而是次要的了。

丘处机不远万里，从遥远的东方与弟子一起来到成吉思汗的帐下，然而，大汗只对如何长生不老感兴趣，对丘处机宣讲的一套休养生息的理论，并没有完全采纳。因为，当时花剌子模的战事还没有完全结束，摩诃末的继承人扎兰丁国王还在率领残部坚持作战，蒙古人已经占领的土地政权也并不稳固。不过，当时蒙古大军中已经产生了厌战情绪，而且在异国他乡作战，士兵们水土不服的状况越来越严重，甚至出现了可怕的疫病。对此，深谙中医药材之术的耶律楚材非常担心，如果蒙古大军继续向印度追击扎兰丁的残部，有可能会陷入两难的困境，甚至在酷热的气候下纷纷病倒，连之前取得的成果也无法保全。

《元史》上记载:“帝至东印度，驻铁门关，有一角兽，形如鹿而马尾，其色绿，作人言，谓侍卫者曰:汝主宜早还。帝以问楚材，对曰:此瑞兽也，其名角端，能言四方语，好生恶杀，此天降符以告陛下。陛下天之元子，天下之人，皆陛下之子，愿承天心，以全民命。帝即日班师。”这个铁门关的怪兽到底是真是假，已经不重要了，关键是耶律楚材借题发挥，让信仰长生天的成吉思汗明白这是上天的旨意，必须听从长生天的安排，命令西征大军返回故土。

出于种种考虑，成吉思汗终于决定班师回朝，耶律楚材“好生恶杀”的思想终于发挥了作用。而且，丘处机与成吉思汗的一番长谈，也让这个从来没有停止过杀戮与征战的统帅第一次感到了自然与时间力量的不可抗性。成吉思汗终于明白，丘处机并不是什么长生不老的神仙，自己也不可能长生不老，必须要在剩下的不多的时间里好好安排家族与国家的命途。

不过，耶律楚材却因此逐渐与丘处机分道扬镳，甚至把他们在西域唱和的诗作也大幅删改，那些带有“长春真人”字样的诗作都被“改头换面”。耶律楚材觉得丘处机有道德修为上的问题，而且他借助成吉思汗宗教宽容的政策来加速扩大全真教的影响力，而他本人就是全真教的掌门人，如此一来，丘处机可以号令天下信徒，原本就处境尴尬的佛教与儒家，有可能会因此更加边缘化。耶律楚材当然不允许丘处机和信徒们这样伤害自己的信仰，可是事已至此，除了发发牢骚，他也无能为力。

好在，成吉思汗对耶律楚材的信任与认同是一以贯之的。公元1227年，成吉思汗在征伐西夏的关键时刻去世。此后，新任大汗窝阔台对他更加信任。据《元史》记载：“太宗将即位，宗亲咸会，议犹未决。时睿宗为太宗亲弟，故楚材言于睿宗曰：此宗社大计，宜早定。睿宗曰：事犹未集，别择日可乎？楚材曰：过是无吉日矣。遂定策，立仪制，乃告亲王察合台曰：王虽兄，位则臣也，礼当拜。王拜，则莫敢不拜。王深然之。及即位，王率皇族及臣僚拜帐下。既退，王抚楚材曰：真社稷臣也。国朝尊属有拜礼自此始。时朝集后期应死者众，楚材奏曰：陛下新即位，宜宥之。太宗从之。”

由此可见，耶律楚材在窝阔台时期出任中书令，可以直接参与到蒙古大汗的最高决策中，甚至成为黄金家族重要成员都要仰仗乃至争夺的重要人物。但也因此，耶律楚材不可避免地卷入了各派势力的利益纠葛中。在成吉思汗的时代，大汗具有一言九鼎的地位，任何内部势力都无法挑战其权威，耶律楚材只需谨遵大汉旨意便可。但在窝阔台时代，不同派系的利益开始分化，耶律楚材即使把儒家的谦恭与慎独精神做到极致，也不可能取悦所有人了。公元1244年，因被迫卷入权力争夺战，耶律楚材在愤懑中去世，终年不过 55 岁。

耶律楚材的理想是通过自己的经世之才，让这个“马背上的民族”变成能够怀柔天下、庇佑万民的圣贤之邦，这是儒家思想教诲中的美好愿景。比起那些久居中原的儒生们，耶律楚材的确拥有宽广的视野，他对世界的理解少了很多无谓的藩篱，增添了更多理解与包容。中国的儒家知识分子从来没有像他那样，对整个“天下”的认识范围如此之广，这种认识也反映在其诗文创作中。

学者王筱芸曾提出耶律楚材、丘处机等文人组成的“西游文学”的群体反映了“西域诗与蒙古王朝认同建构”的关系，这的确是对时人的“同情之理解”。尤其是耶律楚材和其他随军西行文人的唱和之作，构成了中原王朝知识精英对蒙古的“天下”格局的想象与认同。从某种意义上说，蒙古西征之后打下的全新领土，要与中原王朝的历史与认同结合起来是需要一个时间过程的，或者说，这个中央帝国一旦形成，就不得不面临如何构建一个“共同体”的问题，在传播媒介落后的当时，文学便是最好的渠道。

但归根结底，耶律楚材的理想也好，纠结也罢，都源自其对儒家学说忠贞不贰的笃信。耶律楚材留下的诗文不少，其中最能反映其思想的文字集中在《湛然居士文集》中。他曾写道：“夫文章以气为主，浩然之气养于胸中，发为文章，不期文而文有余矣。古之君子，其文见于简策，宏深浑厚，言近而旨远，辞约而义深，非后世以雕篆为工者所能比，盖其浩然之气贯于中也。”看来，耶律楚材钦慕的是儒家主张的浩然之气，是在浑浊世间能积极进取的君子之气，其文风磅礴大气，大概也与这个观念有关。

耶律楚材还称：“诸葛孔明暨近代范文正公，怀王佐之才，有开物成务之略，自任天下之重，初不欲以文章名世，然出师一表，可与伊训、说命相表里；而万言一书，议者亦比于管仲、乐毅。二子者岂尝学为如此之文也哉！其忠义之气形之于文，亦不自知其所以然也！呜呼！世之作文者非不众也，言语非不工也，及其建功定业，任大持重，不若昔之人者，其胸中所养者小也。今吾湛然居士其庶几乎！”

他所向往的，正是诸葛亮、范仲淹这样的匡扶天下的济世大才，而不是钟情于文辞雕琢的小才。一个信奉这种观念的读书人，就不可能不幻想有朝一日被皇帝召唤，进而救济万民于水火之中。尤其是耶律楚材身处乱世，眼中尽是生灵涂炭之事，便产生了匡扶正义、创造太平天下的夙愿。可是，在他作出艰难抉择后，是否真的如愿以偿了呢？在他获得至高荣誉并能荫庇子孙的时候，那些故国破碎和山河飘摇的沉痛画面，是没法从心底抹去的，这其中的遗憾与落寞，时人与后人又能理解多少呢？

喋血南坡与早夭的汉化改革

1323年5月，已经53岁的赵㬎万万没想到，自己出家远离世俗纷争，潜心佛法几十年，最终还是惹怒了当朝天子，给自己引来了杀身之祸。赵㬎曾在南宋政权危亡之际做过两年皇帝，史称宋恭帝，他即位时才4岁，在懵懂之际，就做了蒙古人的俘虏。1276年，元兵攻入临安，赵㬎被俘，其后被忽必烈带到元大都。元世祖忽必烈为了安抚宋人，暂时放过了赵㬎，赵㬎长大后，清楚了自己的身世，内心无法忘记国破家亡的惨剧，但他也知道自己对此已经无能为力，在山河破碎之际，只能求得自保。成年之后，赵㬎出家为僧，在吐蕃钻研佛法，完全不问朝事。

但不知何故，他在53岁这一年写了一首诗："寄语林和靖，梅花几度开？黄金台下客，应是不归来。"元朝皇帝看到这首诗，感觉赵㬎仍有思念故国的想法，此时元朝已经立国几十年，他无法忍受前朝皇帝还能这样继续存在。赵㬎不幸被杀，或许他自己都想不到，逃过了忽必烈的敏锐目光，最后竟然会死在这个看起来乳臭未干的新皇帝手里。

这个年轻的皇帝就是元英宗硕德八剌。但他或许没想到，就在刚刚杀掉赵㬎后不久，自己和最信任的大臣拜柱竟然也死于他人之手。1323

年（元英宗圣治三年）阴历八月初四的深夜，硕德八剌正在南坡营地的大帐里卧床休息，突然帐外喊声震天、火光四起，一群凶恶的兵士冲入大帐，为首的便是御史大夫铁失。铁失一阵狂砍，硕德八剌当场被杀，几乎就在同时，他最亲近的大臣拜柱也被铁失一伙杀害。

硕德八剌在位时间仅仅三年，但在短暂的执政生涯里，他大力推行汉化改革，打击蒙古权贵集团与腐败势力。如果其改革顺利，就有可能成为元朝的中兴之主，但在南坡发生的这场事变，终止了这一切可能。

在南坡之变的三年前，硕德八剌才不过17岁，就早已成为先帝悉心栽培的继承人。硕德八剌的父亲是元仁宗爱育黎拔力八达，仁宗在位期间，元朝的汉化改革开始起步，儒家思想的正统地位有望恢复，更重要的是，他恢复了科举考试，这对笼络汉人知识分子有决定性的帮助。

虽然中国古代格外强调“华夷之辨”，但区别文明与野蛮的最主要标志还是在于文化的认同，而不是单纯的民族划分。那些入主中原的外族政权，但凡能施展合理得当的文化政策，尤其是能用儒家思想改造本民族文化的话，就能逐渐获得大众的认同。反之，若与儒家正统思想对抗，则会加剧双方的矛盾，直到政权彻底丧失民心。元朝的问题就在于这里，忽必烈虽然定居大都，但从法理上一直不能说服汉人，即使古人讲“移孝作忠”，也只能从“君臣父子”的角度增加对蒙古皇帝的认同感。这个问题一直拖到元仁宗时期，才开始有所缓和。

硕德八剌继位后，更大力度地推进汉化改革，还颁行了《大元通制》，对之前民间自主运行的“恶法”给予反拨，虽然元朝的法律也谈不上什么公平合理，但相比毫无法度或“恶法”横行的丛林社会，颁行全国通行的法律还是有很大突破的。不过，硕德八剌面临的最大问题，还是太皇太后一伙的政治势力。

元朝历史上有多次女性称制时期，尤其是皇帝年幼时，太后或太皇

这是位于内蒙古伊金霍洛旗的成吉思汗陵，但包括元英宗在内的元朝皇帝所葬地“起辇谷”的具体地点至今成谜

太后临朝代替皇帝处理政务的情况，也不绝于史书。硕德八剌虽然不是小孩，但在旧派势力眼中，他就是个乳臭未干的毛头小子，太皇太后答己根本没把这个小皇帝放在眼里。

或许答己真的认为自己有底气掌控朝政。“答己”的读音跟商纣王的妖后妲己一样，但她的早期经历跟妲己没有任何相似之处，她曾精心辅佐过武宗海山、仁宗爱育黎拔力八达两任皇帝，在朝廷内外有不错的声誉，也因此拉拢了一批忠实的亲信。但到了晚年，答己的权力欲望渐渐膨胀，这让初登皇位的硕德八剌非常不满。

《元史》上有记载：“有告岭北行省平章政事阿散、中书平章政事黑驴及御史大夫脱忒哈、徽政使失列门等与故要束谋妻亦列失八谋废立，拜住请鞫状，帝曰：‘彼若借太皇太后为词，奈何？’命悉诛之，籍其家。追封陇西公汪世显为陇右王。辛丑，以知枢密院事铁木儿脱为中书平章政事。壬寅，监察御史请罢僧、道、工、伶滥爵及建寺、豢兽之费。甲辰，以诛阿散、黑驴、贺伯颜等诏天下。”可见，不管是远在岭北行省的高官阿散，还是处于帝国权力中枢里的权臣黑驴，竟然都有谋反的打算，而他们俱是太皇太后答己的亲信，这明显是冲着小皇帝硕德八剌来的。

这个年轻的皇帝也毫不示弱，不仅诛杀了谋逆者，还诛灭了他们的家族。硕德八剌下手如此迅猛，让太皇太后的势力十分惊恐。当时，答己在朝中主要仰仗的势力是“五朝元老”铁木迭儿，两人把持朝政，试图把硕德八剌变成自己的傀儡。

就在此时，硕德八剌最信任的伙伴拜住站了出来。拜住出身名门之后，是勋贵木华黎的后代，从小就享有盛誉，年纪轻轻就担任了中书平章政事。硕德八剌要推行汉化改革，拜住就是他最好的搭档，他们年纪相差不过五岁，拜住如同硕德八剌的兄长，而硕德八剌则是拜住改革背后最坚定的支持者。

如此年轻的改革者，在历史上往往有两个结局，要么以高超的政治智慧战胜反对势力，成就一代雄主的霸业；要么就是惨死在老狐狸手里，落得后人慨叹唏嘘的结局，硕德八剌和拜柱就是后者这样的悲剧人物。但他们曾有很大的成功希望，因为他们对待太皇太后答己与权臣铁木迭儿的办法，主要就是一个“拖”字。这二人年事已高，虽然权势熏天，但毕竟有撒手归天的一刻，而且，相比年轻的皇帝，他们剩下的日子已经很少了。

果然，硕德八剌即位后没多久，这两大保守势力的代表人物就相继去世。失去了政治靠山，其残余势力可谓惶惶不安，但历史在这里却发生了变化：硕德八剌一边打击保守派势力，一边却重用了铁木迭儿的义子铁失。《元史》在《逆臣列传》中专门谈到铁失，开篇就讲到他受到硕德八剌的恩赐：“当英宗即位之初，以翰林学士承旨、宣徽院使为太医院使。未逾月，特命领中都威卫指挥使。明年，改元至治，有珍珠燕服之赐。三月，特授光禄大夫、御史大夫，仍金虎符、忠翊侍卫亲军都指挥使，依前太医院使。”铁失不仅掌控了朝廷的一部分行政权力，竟然还获得了宫廷禁卫军阿苏卫的指挥权。

一般来说，皇帝的贴身侍卫和禁军将士都是由皇帝最信任的人统领，毕竟，安排稍有不慎就有可能酿成大祸。但硕德八剌竟然重用来自敌对势力的权臣，实在令人费解。史书上给出的解释是：“英宗尝御鹿顶殿，谓铁失曰：徽政虽隶太皇太后，朕视之与诸司同，凡簿书宜悉令御史检核。既而又命领左右阿速卫。”还有一点不可忽视，铁失其实是硕德八剌的大舅哥，硕德八剌或许考虑到自己深爱的妻子，才对铁失格外信任。但在当时，铁失的口碑也不算好，他跟义父铁木迭儿滥权纵欲的事情，在朝廷内外影响很坏。

后世多从政治经验不丰富的因素理解硕德八剌这个反常识的“用人之法”，但似乎他身边那些经验老到的大臣也没有提出异议，甚至连刚正不阿的拜柱也没有意识到危险。这到底是为什么呢？

如果纵向看待蒙元历史，铁失谋杀硕德八剌，是非常罕见的权臣弑君行为。虽然远在西方的察合台汗国、伊尔汗国的皇位更迭频繁，也不乏篡权弑君的事情，但在中原王朝，这类事已经很久没发生过了。虽然此前汗位争夺导致过兄弟失和乃至内部战争，但毕竟都是家族内部争权，也没出现过权臣的叛逆之事。所以极有可能硕德八剌在潜意识里已经默认了自己的安全，或者说这是一种本能的自信导致的大意，但其实在当时，几乎所有人都忽略了潜在的危险。硕德八剌在其中当然是无辜的，实在没必要苛责他的大意。

况且，硕德八剌的新政改革，本来就带有一定的理想主义色彩。他试图用儒家思想来改造蒙古文化，用汉族士大夫与蒙古勋贵共同治国的模式来进行汉化。这样做从理论上讲是没问题的，但在现实中，却要格外小心保守势力的抵抗。处理既得利益集团的方式有很多，其中最糟糕的，莫过于猛烈而没有余地的打击，因为政治斗争的本质是权力博弈，如果一方手段过于激烈，有可能导致另一方集体逆反，造成零和式博弈。从历史上的诸多经验看，“温水煮青蛙”式的斗争可能才是更稳妥的，也更有可能成功。

显然，硕德八剌与拜柱的手法过于激烈，让铁失顿感不安。据《元史》记载：“英宗尝谓台臣曰：朕深居九重，臣下奸贪，民生疾苦，岂能周知，故用卿等为耳目。曩者，铁木迭儿贪蠹无厌，汝等拱默不言，其人虽死，宜籍其家，以惩后也。又明年正月，申命大夫铁失，振举台纲，诏谕中外。既而御史台请降旨开言路，英宗曰：言路何尝不开，但卿等选人未当尔。朕知向所劾者，率因宿怨，罗织成狱，加之以罪，遂玷其人，终身不得伸。监察御史尝举八思吉思可任大事，未几以贪墨伏诛。若此者，言路选人当乎，否乎？”

硕德八剌一边整顿吏治，严惩贪墨，一边给予拜柱更大的权力，史书上说“（硕德八剌）委任拜柱为右丞相，振立纪纲，修举废坠，以进贤退不肖为急务”，他们没想到的是，这却造成“铁失以奸党不自安，潜蓄异图”。

虽然《元史》中谬误不少，但此处讲铁失心理时用的“以”字实在绝妙。具体来说，就是此时，铁失也认为自己已经被看成了奸臣，因此要么坐等被杀，要么奋起反击，或许还有一线生机。

因此，元朝历史上最意外的政治变局出现了：“秋八月癸亥，英宗自上都南还，驻跸南坡。是夕，铁失与知枢密院事也先铁木儿、大司农失秃儿、前中书平章政事赤斤铁木儿、前云南行省平章政事完者、前治书侍御史锁南、铁失之弟宣徽使锁南、典瑞院使脱火赤、枢密副使阿散、佥书枢密院事章台、卫士秃满，及诸王按梯不花、孛罗、月鲁铁木儿、曲律不花、兀鲁思不花等，以铁失所领阿速卫兵为外应，杀右丞相拜柱，而铁失直犯禁幄，手弑英宗于卧所。九月四日，晋王即位，铁失及其党皆伏诛。”

值得注意的是跟铁失一起弑君谋反的人里，既有铁失的血亲，也有大臣和侍卫，还有几个蒙古王爷，人员构成颇为复杂。

比如，其中的兀鲁思不花，其父亲是元宪宗蒙哥第四子昔里吉。昔里吉曾在忽必烈与阿里不哥的争夺汗位之战中力挺阿里不哥，其后兵败投降，而兀鲁思不花在年轻时也参与其中，几度波折，后来虽然保全性命，却得不到皇帝的信任。对此，兀鲁思不花心有怨愤，虽然他在血缘上是蒙哥大汗的直系后代，但在政治格局中已经被边缘化。因此，当铁失密谋弑君时，他跟其他心存不满的王爷便一起加入其中。

虽然铁失拥立了晋王也孙铁木儿为新皇帝，但他弑君谋逆的罪行无法被原谅，也孙铁木儿即位不久，就杀掉了铁失及其余党的多个成员。不过，也孙铁木儿对那些蒙古王爷们还是挺照顾的，起码没有像硕德八剌那样直接削减勋贵们的福利。但是，元朝统治集团内部的相互倾轧已经愈演愈烈，南坡之变是一个可怕的象征，那种威严无比、无可撼动的大汗、皇帝身份也可以被权臣挑战，甚至被毁灭。也正因此，从也孙铁木儿之后，元朝皇帝更换频繁，且权臣操控朝政的现象越来越多。

更具讽刺意味的是，从仁宗爱育黎拔力八达到英宗硕德八剌期间的汉化改革开始逐渐没落，朝廷里的汉人大臣地位越来越边缘，儒家知识分子的声音越来越弱。据史书记载，南坡之变前后，也孙铁木儿正在跟亲信在漠北草原上打猎，在仓促中即位时，只能靠原先自己晋王府的班底人马撑场面，以至于连登基诏书都写得令人啼笑皆非。《元史》上对此有全文记录：

"薛禅皇帝可怜见嫡孙、裕宗皇帝长子、我仁慈甘麻剌爷爷根底，封授晋王，统领成吉思皇帝四个大斡耳朵，及军马、达达国土都付来。依着薛禅皇帝圣旨，小心谨慎，但凡军马人民的不拣甚么勾当里，遵守正道行来的上头，数年之间，百姓得安业。在后，完泽笃皇帝教我继承位次，大斡耳朵里委付了来。已委付了的大营盘看守着，扶立了两个哥哥曲律皇帝、普颜笃皇帝，侄硕德八剌皇帝。我历朝皇帝根底，不谋异心，不图位次，依本分与国家出气力行来；诸王哥哥兄弟们，众百姓们，也都理会的也者。今我的侄皇帝生天了也么道，迤南诸王大臣、军士的诸王驸马臣僚、达达百姓们，众人商量着：大位次不宜久虚，惟我是薛禅皇帝嫡派，裕宗皇帝长孙，大位次里合坐地的体例有，其余争立的哥哥兄弟也无有；这般，晏驾其间，比及整治以来，人心难测，宜安抚百姓，使天下人心得宁，早就这里即位提说上头，从着众人的心，九月初四日，于成吉思皇帝的大斡耳朵里，大位次里坐了也。交众百姓每心安的上头，赦书行有。”

这般粗劣文字实在不该出自皇家之手，但这份历史上罕见的“白话登基诏书”，恰恰说明也孙铁木儿对汉文化实在不“感冒”，也缺乏基本的汉学水平，甚至连他周围的大臣，也没有懂得汉语辞章的人。事实上，也孙铁木儿短短五年的在位期间，也只是大体维持了朝廷的秩序。也孙铁木儿驾崩后，因为其帝位被认为来路不正，竟然没得到庙号，只是以年号为称，史称泰定帝。在他之后，幼子阿速吉八即位，是为天顺帝，但“两都之战”同时爆发，黄金家族内部的裂隙越来越大。虽然取得胜利的元文宗图帖睦尔后来试图维护内部稳定，但国家全面的溃败已经开始。

如此看来，南坡之变堪称元朝国运最重要的转折点，虽然这是一个偶发事件，但它背后的矛盾早已存在，只是被改革者以错误的方式激化了而已。然而，历史上那些成功的中兴之主，难道就没面对过巨大的改革风险吗？从某种意义上讲，后世对这场早夭的汉化改革关注还不够，或许它还有很多细节值得后世反思。

李善长案背后的秘密

朱元璋残杀功臣，开国勋贵几乎尽被屠戮，已是历史上的公案。虽然后人多认为朱元璋有滥杀之嫌，但明初几大案也的确各有原因；连坐灭族的判决确实过分，但如果说开国功勋们自身没有一点过错，也是说不过去的。比如，胡惟庸的偏狭功利，蓝玉的骄横跋扈，其性格和行为都与后来的祸患密不可分。但是，作为朱元璋最重要的谋臣，李善长以七十六岁高龄被杀，却让后人颇为不解。

历史上评价多认为李善长是朱元璋的“再世萧何”，是陪伴朱元璋最久、对他最忠诚的文臣，这的确是有历史事实佐证的。当我们打开《明史》的《太祖本纪》，会发现李善长是第一个出现在明太祖本纪里的文人名字。那是元朝至正十三年（公元1353年），朱元璋“道遇定远人李善长，与语，大悦，遂与俱攻滁州，下之”。查阅资料后可知，这也是李善长在《明史》上的第一次亮相，相关记述并不复杂，只有寥寥几笔，却暗示了两个重大信号：其一，朱元璋首次见李善长就“大悦”。我们都知道，古人写史颇有春秋笔法，只言片语都能呈现重大问题，“大悦”显然不是一般的高兴，毕竟在此之前，朱元璋的队伍里并没有一个真正的读书人，而要成就大业，光靠赳赳武夫是不行的。其二，两人联手后的第一次军事行动就大获成功，“遂与俱攻滁州，下之”，这起码说明李善长确有谋略，而且和朱元璋的配合也十分顺利。

《明史》在《列传·卷十五》里专设有《李善长传》，其中讲到，李善长曾拿刘邦的故事来激励朱元璋。但李善长认为刘邦能成就大业是因为“豁达大度，知人善任，不嗜杀人”，这就颇为吊诡了。我认为李善长在这里是话里有话，因为刘邦也没少残害开国功臣，即使在楚汉相争时期，刘邦也没少干缺乏人性的事。只是，刘邦相比项羽，算得上是少搞屠杀的了，尤其是对待平民百姓，还算得上是厚道之人。李善长这里所谓的“不嗜杀人”，应该是结合了当时的历史情形：各大起义军各自为战，虽都打着推翻元朝的旗号，却罕有王者的爱民之心，战乱频仍的时候，很多人都只顾自己保命获利，谁还顾得上天下大义呢？

这样看来，李善长对朱元璋的事业有关键性的帮助，给予了他更宽阔的历史视野，劝诫朱元璋不仅要成为一方诸侯，更要爱民如子，进而像刘邦那样图取天下。从这个意义上说，没有李善长的“理论建设”，的确无法成就后来的朱元璋。

李善长对朱元璋是否一直很忠诚呢？从现存史料看，李善长确实没有二心。尤其是在朱元璋被剥夺军权的最危险时刻，李善长也没有离开他。《明史》里有这样的内容：“郭子兴中流言，疑太祖，稍夺其兵柄。又欲夺善长自辅，善长固谢弗往。太祖深倚之。”俗话说得好，“人在屋檐下，哪能不低头”，毫无根基的朱元璋一开始是完全依附在郭子兴的军事力量下的，郭子兴听信了流言，一度剥夺了朱元璋的权力，还要把李善长纳入自己帐下。但李善长或许真的有慧眼识珠的本领，认准了朱元璋是干大事的人，不论如何也不愿意投靠其他势力。这当然也获得了朱元璋的极度认可，《明史》上用“深倚之”这样的词来描述他对李善长的器重，可谓毫无保留的信任。

而且，每当朱元璋到了一个事业的节点上，几乎都是李善长在前面帮他冲锋陷阵，甚至起到决定性作用。《明史》在《太祖本纪》里有记载："（至正）二十四年春正月丙寅朔，李善长等率群臣劝进，不允。固请，乃即吴王位。建百官，以善长为右相国，徐达为左相国。"有明确记载的首次劝进，就是李善长带头做的，虽然朱元璋表面上要假惺惺地推辞一下，但后来的封赏说明了一切：朱元璋把李善长看作和徐达一样的左膀右臂，两人一文一武共同辅佐帝王大业。而徐达、汤和、常遇春这些从小玩大到的兄弟，也最多和李善长这样的"外人"平起平坐，这起码说明，朱元璋完全把李善长当成了自家兄弟，并无嫌隙。

朱元璋称帝后，面对一干武将的质疑，也毫不吝啬对李善长的奖赏。《明史》中记载了朱元璋这样一段话："善长虽无汗马劳，然事朕久，给军食，功甚大，宜进封大国……"李善长获得了至尊的荣誉，《明史》上说："时封公者，徐达、常遇春子茂、李文忠、冯胜、邓愈及善长六人，而善长位第一，制词比之萧何，褒称甚至。"

不过，在恩典荣誉面前，有些人难免会失去清晰的自我认识，明初勋贵的这个问题格外突出。每每读到这段历史的时候，我总觉得有费解之处：历朝历代开国勋贵都有跋扈和偏狭之人，但像明初勋贵这样大面积的、近乎集体性的放纵，还十分少见。开国皇帝身边的谋臣文士，都应是道德模范与智慧化身，但作为大明开国第一文臣的李善长，依然被《明史》批评为"外宽和，内多忮刻"，这实在令人不解。我向来不赞同抡起道德的大棒来痛打历史上那些有争议的人物，除了很难感受当时复杂的因素之外，还在于我认为不同时期的人性应该是相似的，人心之念想应该是相通的。但为什么偏偏在明初勋贵尤其是李善长身上，让人看不到太多伟岸的光辉呢？

李善长在明朝建立后依然对朱元璋忠诚不渝，却呈现出越来越多性格乃至人格上的缺点。《明史》有清晰的记载："贵富极，意稍骄，帝始微厌之。"从这点来说，李善长确实比不上萧何、诸葛亮这些开国文臣的典范，其早年没显现出来的弱点也逐渐在富贵奢华的物质生活中暴露出来。

但是，这些缺点不至于让李善长和家族丢掉性命。真正给他带来杀身之祸的，还是跟所谓的"谋反"有关。洪武二十三年（公元 1390 年），李善长一家七十多口人悉数被杀。史书上记录的李善长的罪行，仅仅是出于他和蓝玉一段不明不白的关系。简单来说，蓝玉试图勾结北元和李善长，胡惟庸的"谋反"也跟李善长有牵连，李善长虽然拒绝了"事成"后封赏他为淮西王的"诱饵"，却没有举报他人的谋逆之心，因此受到了株连。史书上给他的罪名也很简单："知逆谋不发举，狐疑观望怀两端，大逆不道。"

这样的罪名当然是捕风捉影的结果。李善长家族被诛是一桩冤案，这不仅是后世多数人的看法，即使在当时，也近乎"公开的秘密"。《明史》曾借一个叫王国用的小官的话，来剖析李善长案，告诉后世李善长确实是被冤枉的。王国用谏言朱元璋说，李善长之死是荒谬的，他指出李善长不可能谋反有多个原因，比如他年事已高，且位极人臣，即使谋反成功也捞不到什么好处，更何况，朱元璋借奇特的天相来定李善长的罪，更是牵强附会，让天下人寒心。耐人寻味的是，王国用也说到，李善长既然已经死了，说这些也没什么用，只是希望朱元璋以后多加注意，不要再做类似的事情了。而朱元璋的回复也十分奇怪，向来专横独断的他竟然没有怪罪王国用尖锐的指责。

王国用的谏言堪称"见好就收"，这种点到为止的表达，反而让后世更加迷惑。如果李善长真的无罪，就算其人已死，也可以昭告天下，为他恢复名誉（事实上直到明朝末年才为李善长案平反），但王国用没说这些，朱元璋更没这么做。而如果李善长真的有罪，朱元璋又怎么可能对尖锐的谏言淡然处之？

或许，朱元璋心里是最清楚的，他当然知道李善长罪不至死，更没必要株连其整个家族，但正如他残害其他功臣的动机一样，只是政治需要，消灭淮西勋贵，是为了保持政治势力的动态平衡，更是为了巩固自己的皇权。到了明代，皇权专制得到了空前的巩固，任何有可能威胁到皇帝权力和权威的因素，都要被消灭在萌芽状态里。从这个意义上说，胡惟庸、蓝玉和李善长不管有没有人格上的污点，都不是最重要的，他们位极人臣的权力，就是他们必死的原因。更何况，朱元璋需要给太子朱标营造一个单纯安全的政治环境，那些掌握权力的老臣就是对未来皇帝最大的威胁，而朱标的性格又是温和到了软弱的地步，这不能不让朱元璋担心他和大明江山的未来。

对于朱元璋这种起于草莽、经历九死一生才换来帝位的人来说，极度的自我保护是他生存下来的首要原则。即使位居九五之尊，朱元璋依然无法摆脱强烈的不安全感，他要时时刻刻想办法清理一切不稳定因素，而自小缺乏家庭温暖的他，更明白来自身边人的残害和阴谋是最可怕的，也是不得不防的。到了晚年，朱元璋这种极度自私和狠毒的性格终于变成了嗜杀，他希望看到那些勋贵都纷纷死在自己前面。因此，李善长被杀后三年，一代名将蓝玉及其家族也被诛杀，朱元璋慢慢步入风烛残年，而那些曾与他一起拼杀奋斗的功臣们也被屠戮殆尽。

李善长的悲剧只是那个时代国家精英集体悲剧的一个缩影。包括朱元璋在内，他们都曾是历史的幸运儿，但也终究逃脱不了巨大的悲剧。王国维先生有诗云：“偶开天眼觑红尘，可怜身是眼中人”，我非常喜欢这句诗，是因为其点出了人世间共通的悲剧感，没有人能逃脱自己和所处时代设置的藩篱，当我们评价他人可怜可痛之时，往往不知道自己是否也身处相似的情境中。回到刚才那个疑问，李善长骄傲自满的性格缺陷固然是存在的，但难道其他开国贤臣身上就没有污点吗？很多大人物都有刚愎自用的毛病，还有不少文臣在原则问题面前首鼠两端，或者大搞好人主义，至于培植个人势力、臣子间搞权力斗争更是常见现象。但是，唯有在明初，这些人性中常见的缺点被格外放大，以致成为身死族灭的肇因，这其中原因的确值得人深思。

对于人性里的缺点，以及未来不可测的命运，李善长其实也是无能为力的。他从一个无法谋取功名的地方小文人，一步步变成权倾朝野的大明宰相，当然算是个人事业的成功。但是，他没法超越、更没法改变日益加强的皇权专制制度的框架，在这个框架里，皇帝个人的权力和欲望会被无限放大，皇帝的权威日益加强，而臣子们的权力日益萎缩，他们的形象也必须随之而改易。李善长也好，徐达也好，蓝玉也罢，他们在朱元璋称帝前并非没有性格缺点，但因为还未面对皇权，他们的形象在事实上和史书上都不会被破坏。但朱元璋不仅废除了宰相制度，还从肉体和名誉层面摧毁了勋贵们，就是为了让权力高度集中的皇权代代相传下去。在这个近乎绞肉机的制度里，任何人都不能安然处之，臣子们必须小心翼翼地完成皇帝交付的任务，而他们性格和人格里任何的缺点，都有可能给他们带来巨大的灾祸。

也正因此，李善长在历史上没能留下完美的文臣形象，从根本上讲是日益加强的皇权专制制度的必然结果。但是，李善长毕竟是生于元末的文人，其早年并未受到近乎窒息的政治氛围的影响，而是在乱世中养成了烂漫任性的性格，他虽没做到功成身退，却在历史上留下了更多鲜活的形象，也增加了几分传奇色彩。此后的明代文臣大多没有李善长这样的“幸运”了，他们几乎都成了皇权制度上的螺丝钉，为大明帝国这架精密仪器的复杂运转时刻操劳着，直到明代后期，才逐渐出现了一些

“离经叛道”的思想。这不能不说是一种历史的遗憾。

当明代后世文臣们拼命压抑自我来追求所谓的“圣贤之道”的时候，是否会想起来那个被明代官方话语批判的李善长呢？而李善长和那些淮西勋贵们，当他们纷纷跟随朱元璋开创帝业的时候，是否又能预料到未来不测的命运？对待功勋卓著的老臣们，从“集体拉拢”到“集体打压”，再到最后的“集体消灭”，朱元璋这样做虽然保住了皇权一时的稳固，却没料到自己身后祸起萧墙，亲人之间大动干戈，当燕王朱棣打着“靖难”旗号杀入南京城之时，这难道不是巨大的反讽吗？

徐霞客的山山水水

如今提起《徐霞客游记》，很多人将它视为古代地理类或文学里的游记题材的作品，这部日记体的名著，的确书写了国家的江河山川的壮美景色，也融入了徐霞客毕生的心血。徐霞客生前耗费了三四十年，记录下了六十余万字关于旅行考察的内容，包括《楚游日记》《粤西游日记》《黔游日记》《浙游日记》等，在他去世后，这些文字被他人整理成《徐霞客游记》，为后世留下了宝贵的地理和文化资料。

从当代视角看，徐霞客的远行记录不算惊人，论行走之遥远，远不及玄奘法师异域取经，近不如丘处机远行西域和成吉思汗相见时的“行走记录”，甚至都不如几千年前周穆王西游更具传奇性。但是，徐霞客是极其罕见的凭借个人力量完成数十年旅行记录的人，他的旅行和探索，几乎是无功利性的，这就区别于此前多数远行者。不论他们是出于政治目的，还是文化交流的目的，其行为都很难用“兴趣”“个性”之类的理由来解释，也正因此，徐霞客毕生游历全国，并留下《徐霞客游记》，更显得独特而奇诡。

《徐霞客游记》继承了中国古代传统游记的书写方法：简明扼要且注重细节。而且，徐霞客的“文学感觉”似乎比前人更胜一筹，因为是个人旅行和考察，其游记也更具个性表达，而徐霞客和当时主流文人大有不同，他不喜科举，厌恶功名利禄，对风景的书写是纯粹审美式的，很少见到他在山水中寄托什么宏伟抱负。用现代的话语来说，徐霞客大概是个对宏大叙事不感兴趣的文艺青年，他爱祖国的山山水水，仅仅是一种审美的快乐，是因兴趣而游历山川，因爱好而沉醉于旅行之中。

徐霞客这样“任性”的做法，在当时也是惊世骇俗的。当然，相比那些寒门子弟，出身优渥的徐霞客似乎更有这样做的资本。但徐霞客的独特，并不是因为他有相对殷实的家境而造就的，更大程度上，是因为他是一个主流文化的反叛者。这也就解释了徐霞客为什么对“异乡的山水”有如此浓厚的兴趣。

让读书人告别对本土文化的固守心理，多数要凭借经世致用的政治理念，但徐霞客对异域土地的热情，是出于对自然山水的好奇与兴趣。人文地理学上有对“地方感”的强调，但这仍是一种现代观念，我们很难想象在四百年前，徐霞客就对完整的国家地理概念有清晰的认知。但可以确信的是，故乡的“地方感”和“天下”的观念，在《徐霞客游记》里并没有明显地割裂开来。虽然这是游记，或者说是探险和考察的记录，但很少能从中看到徐霞客对“异乡山水”的惊愕。他的叙述是从容不迫的，即使是身处险境，也会尽量描述为一种舒缓惬意的情境，让人沉醉其中，而不觉得有紧张感。

如《楚游日记四》中所述：“早饭于绿竹庵，以城市泥泞，不若山行。遂东南逾一小岭，至湘江之上。共一里，溯江至蒸水入湘处。隔江即石鼓合江亭。渡江登东岸，东南行，其地陂陀高下，四里，过把膝庵，又二里，逾把膝岭。岭南平畴扩然，望耒水自东南来，直抵湖东寺门，转而北去。湖东寺者，在把膝岭东南三里平畴中，门对耒水，万历末无怀禅师所建，后憨山亦来同栖，有静室在其间……”这样的文字有古代山水散文“风烟俱净”和“天山共色”的感觉，是符合传统文学的审美意识的，这样的文风几乎贯穿了《徐霞客游记》的始终。或许，在徐霞客心中，异域的山水和故土的风景可以融为一体，他用笔记录下的风景，既是地理志意义上的，更是审美意义上的。徐霞客通过远行及书写，形成了自己对国家地理文化的完整想象，这在当时无疑是很独特且超前的行为，这也让《徐霞客游记》的文本更具多重解读的可能性。

“无限的远方，和我们都有关”——这显然是一个现代的概念。生发自西方的现代性思潮，在近两三百年的历史中，逐渐扩散到全球的各个角落。热衷旅行，尤其是探索遥远的未知，这种思维和实践方式，大多产生于现代文明的意识里，即使在古代，也基本存在于西方的文化传统里。

不论是《伊利亚特》还是《奥德赛》，哪怕是《一千零一夜》里的诸多传奇故事，都不乏探险者“寻觅远方——归乡”的叙事模式，似乎这种对遥远彼岸的想象力，是西方文化里长期存有的基因。不过，与农耕经济相伴而生成的中国传统儒家思想，恰恰主张安土重迁，“父母在，不远游”的圣贤教诲，始终是传统读书人心中的坚固理念。

徐霞客要突破的观念阻碍，首先就来自这样一种思维定式。与“学而优则仕”观念割裂的结果，就是自绝于主流文化的圈子。在这点上，徐霞客大概是有清醒的自我认知的。因此，他并没有彻底与传统观念割裂，因为他本身也不是一个有“革命性”思维的知识分子，这点和同为晚明文人的李贽大为不同。徐霞客的个性更像一种本能的自觉，他并不需要反抗什么，只是兴趣和审美所致，所以，当需要和现实妥协的时候，他也能作出稳妥的举措。比如，徐霞客在母亲去世后守孝三年，并未出游，他在首任妻子去世的时候，也没出游，这既符合当时的文化观念，也与人伦常识吻合。

换言之，徐霞客并不是以一个决绝的姿态，来与当时的主流文化而抗衡的，这也是他令人惊奇的地方。读者很难从《徐霞客游记》中看到其思想观念内在的冲突性，尽管在徐霞客的晚年，大明的江山已经摇摇欲坠，一些先觉的文人已经嗅到了帝国陆沉的巨大危机，但这种焦虑极少出现在他的文字里。即使不能说《徐霞客游记》里有一种审美的自觉，也很难否认他对自然地理和文化地理的书写，是一种更加纯粹的记录。

这种纯粹感也与传统的儒家知识分子的心境有很大不同。《徐霞客游记》中的很多文字，与其说是一种地理志式的直接记录，不如说更像是一种文学上的审美自觉——风景和记录者本身是融为一体的，自然景象和心灵世界的风景是合一的。比如《黔游日记一》中有这样的记录："乃由其东上岭，越脊北下一里，行壑中。又北一里，再越岭脊，下行峡中。壑圆而峡长，南北向皆有脊中亘，无泄水之隙，而北亘之脊，石齿如锯，横锋坚锷，莫可投足。时已昏暮，跃马而下，此骑真堪托死生也。越脊，直坠峡底，逾所上数倍，姑知前之圆壑长峡，犹在半山也。峡底有流，从南脊下溢，遂滔滔成流。"

虽然这些文字基本都是写景，但谁又能说从中看不到旅行者内心的变化呢？这种对待书写对象的"主客体融合"的思路，是非常古典式的，就像中国传统的水墨画，虽然不会像西方绘画里的透视技法那样，把风景的细节描绘得非常细致逼真，但观赏者也能从中看到画作里内蕴的风景之美。更何况，这种美感本身也会透过文字呈现在读者面前，让人如临实景，和旅行者感同身受。

虽然晚明在经济上出现了资本主义萌芽现象，文化界也出现了一些反叛传统儒家思想的迹象，但徐霞客还是一个源自古典儒海的读书人，虽然具备一定的"现代感"，但他仍然是一个地道的中国的读书人。异乡的风景对他而言，既是梦想的彼岸，也是突破日常生活庸常感的途径，正因此，也益显《徐霞客游记》的独特性。

第三篇

跌宕岁月中的小人物

一个唐朝人的非洲之旅

大唐天宝十年（公元751年），处于巅峰阶段的唐朝和大食帝国及其中亚联军在怛逻斯城发生激战，双方军队各有胜负，最后大食以较小的优势战胜了高仙芝率领的唐军。这场处于两国边境一带的战争，在当时并没引起太大的影响，即使今天以历史眼光看，怛逻斯之战也算不上一场特别重要的战争，只不过因交战双方身份的特殊性，才吸引了一些史学家的目光。

事实上，怛逻斯之战对唐朝经营西域的战略影响不大，毕竟，当时的中央政府对地方还有很强的控制力。据史学家白寿彝先生考证，唐朝与大食的关系也没因此受到太大影响，大食向唐派遣使者的传统仍延续了下去。白寿彝先生根据《册府元龟》中的史料，发现从唐高宗永徽二年（公元651年）开始，大食开始派使臣访问大唐，在唐玄宗开元、天宝年间使者往来次数最多，一直到唐德宗贞元十四年（公元798年），两国仍有来往。

不过，很多人没注意到，在怛逻斯之战后，一个叫杜环的唐朝人做了大食的俘虏，此后他游历中亚、西亚和北非十余年，并写下了传奇之作《经行记》，这有可能是中国人最早游历非洲的记录。这部书的全貌，我们已经看不到了，但其中的只言片语，被史学家杜佑收录在《通典》中，后经过了王国维的整理。杜环游历西方多达12个国家，依记叙顺序分别是：拔汗那国、康国、狮子国、拂菻国、摩邻国、大食国、大秦国、波斯国、石国、碎叶国、末禄国、苫国。这些国名显然都是古称，其中康国、大食国、大秦国等为世人熟知，但有些国家即使在今天，也少有中国人到访。尤其是杜环最远走到了哪里，一直充满争议，即使进行细致考证后，也很难得出一个明确的结论。

后人称杜环是旅行家，但在当时来看，杜环的游历实在跟今天所谓的“旅行”画不上等号。杜环的西方之旅，首先是被动开始的，而他在公元751年到公元762年这期间的游历，也不是为了去欣赏异域风光，而是跟着大食军团做考察。与常识相悖的是，《经行记》中记录诸国的顺序，并不是按照自东向西来叙述的，这到底是杜环原书设定的叙述顺序，还是后来不同学者的整理版本造成的问题，就很难考证了。

如果按照地理顺序，应该以碎叶国、康国等地为叙述起点，以地处非洲的摩邻国为叙述终点，中间一块则是地域辽阔的大食帝国。但不排除还有一种可能：杜环根本不是按照自东向西的顺序完成这段行程的，毕竟，这中间有超过十年的漫长光阴，杜环很可能在中西亚之间的土地上反复行走，甚至不止一次踏上非洲的土地，由此才能对这些地方十分熟悉。

因为杜环留给后世的记录实在太少，后世并不清楚他在阿拉伯世界里到底做了哪些事，其中有哪些神奇的故事，他的思想变化如何，诸多细节没保留下来，实在遗憾。从目前留下的《经行记》来看，杜环对西方诸国的描述是客观的，几乎没带入个人情感，这也符合自《山海经》以来关于地理记载类书籍的叙述习惯，但杜环毕竟是以战俘的身份开始这段异国岁月的，难道他从未有过情感变化？难道他没有遇到过交往上的困难？难道他的记载只是为了向遥远的故国呈现一个博物志式的文本？

对这些问题，只能从文本的细节里寻找端倪。《经行记》中记载最详细的当属大食帝国，当时大食正处于阿拔斯王朝时期，中国典籍称之为“黑衣大食”。阿拔斯王朝国土十分辽阔，囊括了中亚的大多数地区，并占据了北非东部和地中海东岸，西与东罗马帝国接壤，东则直接与唐朝接壤。在杜环的记录中，大食帝国的地理气候、风土人情被简单勾勒。其中讲道：“郛郭之内，里闬之中，土地所生，无物不有。四方辐辏，万货丰贱。锦绣珠贝，满于市肆；驼马驴骡，充于街巷。刻石蜜为卢舍，有似中国宝轝。”可见，此时的大食帝国物产丰富，经济富足。后面的记载更让人震惊：“绫绢机杼，金银匠、画匠，汉匠起作画者，京兆人樊淑、刘泚；织络者，河东人乐还[①]、吕礼”，《通典》能保留《经行记》原本中的内容，一定是杜佑认为最精华的内容，而在这为数不多的内容中，竟然留下了樊淑、刘泚、乐还、吕礼这四个人的名字，实在令人惊奇。

这说明，在杜环西行的时候，或者说在杜环之前，就已经有中国的工匠在大食生活，足见当时中西交流之密切。当然，这四个人是自愿迁徙至此，还是和杜环一样是从军后的战俘，就不得而知了。根据学者张一纯在《经行记笺注》中的考证，不同史学家观点各异，争论点不仅在于这四个人真实的姓名，更在于他们的身份。因为他们到大食的原因到底是出于自愿还是被动，也与当时唐朝和大食国力相关。但不管怎么说，杜环记下他们的名字、故乡和职业，说明这些人对他很重要，甚至可能是一起生活过的伙伴，否则杜环不可能对他们的个人情况了解得这

① 此处的“还”原文是左“耳”右“不”的写法，音通“还”，王国维在校本中指出此处作“还”字。

么清楚，也不可能让他们成为《经行记》里唯一露脸的中国人。

一直以来，现代人常常低估了古人的迁徙能力，也低估了古人对整个世界的了解程度。在开放的盛唐，有中原人到访遥远的西方，并不惊奇。最晚在汉朝，中国人就已经知道了罗马帝国的存在。唐朝人对世界的认识远超前代，不仅对南亚和东南亚的地理有了全面的认识，对地中海沿岸的情况也有了更清晰的了解。从唐朝的地理疆域来看，在杜环被俘的那一年，唐朝国土的最西端已经超过巴尔喀什湖，并有向西北延伸的趋势。到了唐高宗时期，唐朝疆域达到极盛，西北方向最远达到咸海一带，并设有濛池都护府加以管辖。而在古代人口迁徙中，流动能力最强的就是商人和军队，甚至商人在其中更胜一筹，既然唐朝的疆域如此辽阔，一部分商人前往地中海地区经商、考察，也并非没有可能。也就是说，杜环只是有记载的到达地中海南岸的首个中国人，但可以想象，在他之前，已经有一些中国人的足迹踏上了那片遥远而神秘的土地。

杜环在非洲的见闻，基本记录在《经行记》中对摩邻国的记载中。摩邻国到底在哪里，历来争议很大，保守观点认为它在今天的北非东部和北非北部一带，尤其是埃塞俄比亚、厄立特里亚一带，当时这块地区最强大的国家是阿克苏姆王国。《经行记》对摩邻国的记载只有寥寥几笔，包括其地理大致位置、当地物产和风貌："摩邻国，在秋萨罗国西南。渡大碛，行二千里至其国。其人黑，其俗犷，少米麦，无草木，马食干鱼，人食鹘莽。鹘莽，即波斯枣也。瘴疠特甚。"此处所说的秋萨罗国，是位于印度次大陆上的一个国家，"大碛"，是大沙漠的意思。显然，从印度穿过阿拉伯半岛上的沙漠地带，才能到达摩邻国，因此它位于非洲是没有争议的。而此处说的"二千里"，从印度向西算起，即使保守估计，到埃及一带也是没问题的。问题的关键是，"二千里"可能只是这个国家东部边界的位置，至于其西部边陲与核心地带在哪里，杜

辽宁朝阳蔡须达墓出土的唐代陶骆驼，见证了古代中西交流史的长度与深度

环并没说清。

但杜环的足迹的确踏上了摩邻国，而且他很可能是跟随阿拉伯军队一同出征，因为当时的摩邻国应该还没纳入阿拔斯王朝的统治范围。学者许永璋在《摩邻国在哪里？》一文中曾详细考证了摩邻国在今天摩洛哥的可能性，北非西部的地理风貌和文献中的摩邻国确实非常相似。如果摩邻国真的是阿克苏姆王国，为何记载中有“少米麦，无草木”这样的内容？埃塞俄比亚并非荒芜之所，热带草原气候造就了当地较好的农业生产条件，人类的最早发源地很可能就来自这片区域，至于“无草木”，意思是这片区域全是沙漠，显然这不符合埃塞俄比亚的实际情况，即使在8世纪，如果当地生产条件如此低下，也不可能造就一度强大的阿克苏姆王国。更关键的是，如果摩邻国不属于阿拔斯王朝，那么它最有可能的还是位于更西方的柏柏尔人活动区域，大致位于今天的摩洛哥、阿尔及利亚一带。

不管怎么说，杜环对摩邻国有比较全面的认识，也让唐朝人的足迹延伸到了非洲大陆。此后，杜环在公元762年坐商船经海路返回广州，重新回到故乡，结束了这段传奇的经历。然而，在古代中国，即使是开放的盛唐，也不会对万里远行的游子有太多高评价，更何况杜环曾经做过大食的俘虏，他在异国他乡飘荡的苦楚与寂寞，即使其中夹杂着无数复杂的经历和传奇的故事，也没引起身边人太大的兴趣。事实上，从汉代到唐代，史书上对遥远异国的记载都不太详细，只是寥寥几笔，便勾勒出想象中的全貌，在以“天下”观念理解整个世界的古人来看，异国的价值主要体现在朝贡和商贸往来上，只要对方派遣使者来访，不管它远在何方，都会被纳入“天下”的秩序中。

耐人寻味的是，这个“天下”的秩序中既包括那些被中原王朝征服过的大小邻国，也包括那些国人并不熟悉乃至不甚了解的遥远国度。不论是罗马之于汉朝，还是大食之于唐朝，其中关系之复杂，并不能用今天的国际关系视角来审视。在民族国家概念产生之前，文化价值理念主导的“天下”观念超越了民族的边界，它增强了中原王朝的内在向心力，但也让其统治边界变得模糊不清，其中利弊得失，不只是体现在国家版图上，更体现在国民对世界、对历史的想象中。杜环的经历太过传奇，甚至在当时显得太荒诞不经，他得不到主流观念的认同，也就在所难免。

然而，杜环自己或许都没想到，他留下的只言片语竟然成为后世了解中原外交史的重要文献，而他那段传奇的西行经历，也因记载稀少、文献匮乏，无法给后世提供更多的细节，这不能不说是一个遗憾。但如果杜环没有随军出征怛逻斯，也就不会有后来的传奇经历，而这些又都与盛唐强大的国力与军力有关。其中因因果果，是是非非，如非洲沙漠中卷起的漫天黄沙一般，早已消失在无边无际的苍穹之下。

华县大地震里的沉默者

明嘉靖三十四年（公元 1556 年），韩邦奇荣归故里已经七年。作为原南京兵部尚书，他在过去七十多年的人生里，经历了太多的风风雨雨。作为官宦世家子弟，韩邦奇从小就有忠君报国的壮志，他在正德三年考中进士，此后任吏部考功主事、升员外郎、浙江按察司佥事、山西巡抚等职，宦海生涯辗转大半个中国。应当说，韩邦奇为官的名声是非常好的，朝廷也屡次嘉奖这位劳苦功高的老臣。他在做官之外，还兼通文法，专注经史，留下了《苑洛集》等的解经之作。

应当说，韩邦奇回到陕西老家，算得上衣锦还乡。相比他早年离开故土的时候，故乡关中平原肥沃的土地上，已经能够养育更多的百姓。韩邦奇在含饴弄孙之际，也时常想到这几十年的跌宕起伏，好在自己的人生大体顺遂，虽也有挫折，曾被罢官为民，但又能东山再起，最后竟能老来还乡，颐养天年，实在是人生之幸事。况且，故乡百姓的日子也一天天好起来，在他的心中，天下承平的理想可能在不久后就能实现。

韩邦奇毕竟是对官僚体制的坚定拥护者，或许他有着更加长远的历史眼光，以致他忘记了家乡近年的旱情越来越严重，只是还没到危及百姓性命的地步。但韩邦奇无论如何也想不到，就在自己七十七岁这年的深冬，还没等到过年，一场天灾浩劫会突然发生。嘉靖三十四年十二月十二日子时，突然大地摇动、山川崩裂，一场惨烈的地震灾难在渭河平原降临，八级大地震让陕西、山西和河南的大部分地区变成人间地狱……

这场大地震虽然不是我国历史上震级和烈度最大者，却是造成死亡人数最多、破坏力最强者，史称华县大地震。《明世宗实录》中对此有非常惨烈的记载，这段话也是记录这场天灾最知名的史料："壬寅，是日山西、陕西、河南同时地震，声如雷，鸡犬鸣吠，陕西渭南、华州、朝邑、三原等处、山西蒲州等处尤甚。或地裂泉涌中有鱼物，或城郭房屋陷入池中，或平地突成山阜，或一日连震数次。河渭泛张，华岳、终南山鸣，河清数日。压死官吏军民奏报有名者八十三万有奇。时致仕南京兵部尚书韩邦奇、南京光禄寺卿马理、南京国子监祭酒王维祯同日死焉。其不知名未经奏报者，复不可数计……"

值得注意的是，这里面出现的人名只有韩邦奇、马理、王维祯等人，至于其他八十三万罹难者，几乎都没在史书上留下名字。能够被记载的罹难者，算得上是当时朝廷的精英，国家的栋梁，事实上，在关中平原一带死亡、失踪的人口里，也包含大量当地的官员，只不过不列入官史叙述罢了。在民间的记载里，有不少家族惨遭全灭，其中不仅有草根平民，也有乡绅富农。明代文人朱国祯在《涌幢小品》第二十七卷中有一则名为《地震》的文章，便是对华县大地震十分形象的记录，其中讲道："米仲良家八十五丁，陈朝元家一百十九丁，俱覆……"虽然只是简单几个数字，但背后的惨烈却是世所罕见的，即使是大规模的战争，也无法在瞬间摧毁这么多家族人口。

朱国祯的记载十分详细："潼关、蒲坂、城垣沦没。他如民庶之居。官府之舍，可类推矣。缙绅被害……又有渭南郎中薛祖学、员外贺承光、主事王尚礼、进士白大用、华阴御史杨九泽、蒲州参议白壁。而渭南谢令，全家靡遗。其他如士夫居民，合族而压死者甚众。受祸大数。潼、蒲之死者什七，同华什六，渭南什五，临潼什四，省城什三，而其他州县，则以地之所剥，别远近，分浅深矣。受祸之惨者，如韩尚书以火厢坑煨烬其骨，薛郎中陷入水穴者丈余，马光禄深埋土窟而检尸甚难……”

与《明世宗实录》的记载相似，朱国祯也记下了这几位罹难的大人物的名字，而且对其死因记载更清楚。文中的韩尚书，指的就是韩邦奇，他在地震发生时不幸坠入火炕坑被烧死，这一细节固然悲惨，但也暗示了一个关键问题——因超强地震造成的破坏力，很多人是死于各种相关的事故。

当地人的居住环境和地震时间是一个重要因素。当时，大量人口居住在窑洞或简易的土坯房和砖瓦房中，这种居住环境虽然冬暖夏凉，却没有抗震能力，尤其是面对超强的地震，大多数房屋都会彻底坍塌。更要命的是，地震发生在深夜，即使有人在挑灯夜读，因为深冬彻骨的寒风，他们也不可能在户外院子里看书，至于日出而作、日落而息的农民们，早已进入酣睡之中，哪里会想到地震突然发生？如果地震发生在白天，哪怕是傍晚时分，遇难人数可能都会少很多。

这场地震波及范围很广，以华县为中心，灾情严重程度呈椭圆形向周围扩展渐移。受灾最严重的华县、渭南、华阴一带是人口稠密地区，因而伤亡非常惨重。与此同时，西安、大荔、临潼一带受灾也很重，在陕西西部，从咸阳、兴平、礼泉、扶风一直到凤翔一带，都有严重的灾情。而在山西，严重的受灾范围一直扩散到临汾、曲沃一带，可见其破坏力之大、影响之深远。

这场灾厄也引起了明朝文坛的震动，不少人为之悲恸，位列嘉靖文人“后七子”的宗臣写道：“地颤山愁千万里，奇峰片片下沉水，黄河直上峰头座，忽散人家室屋里。往往屋上游赤鲤，千门万户半作鬼，广厦高宫尽成土，白日不闻父老哭。”深夜的地震发生后，又出现了很多余震，大量房屋坍塌，几十万百姓被掩埋在废墟和黄土之下，甚至连西安城里的小雁塔也因此震塌了两层。

史书上说的“压死官吏军民奏报有名者八十三万有奇”，这只是一个模糊的数字，考虑到当时的历史条件，实际罹难者很可能更多。以明朝的统计数据能力，测算人口都是依靠实地调查、收集数据所得，一些人为了逃避税收就故意少报人数，而统计官员也势必有漏算之时。地震发生后，统计幸存者数字再与原人口数比对，便能测算出遇难人数，但这种算法非常粗糙，大量不在册的人口都无法被纳入统计。

即便如此，有名有姓的遇难者超过八十三万人，这绝对算得上是人类浩劫了，但这场灾厄似乎对嘉靖皇帝并无太大震撼。整个大明朝的衰亡就从嘉靖开始，赈灾已不能全靠朝廷。在地震后不久，疫病、旱灾等次生灾害层出不穷，当地幸存的士绅纷纷与民众一起展开自救，而朝廷的赈灾援助，直到第二年春天才逐渐开始。在这期间，又有大量百姓因伤病和饥馑而亡，上百万人流离失所，原本还相对富饶的关中地区变得贫瘠而混乱，直到明朝末年，此地的生产力都没得到恢复。

华县大地震并没有震醒明朝的统治者，除了假惺惺地祭祀一下、暂时免征灾区的税赋、提供些许赈灾粮款，朝廷就没做什么了。而那些赈灾粮款，因为官僚层层地克扣，最后发到灾民手里的寥寥无几，甚至很多灾民根本就没看到救济粮款。耐人寻味的是，在古代天灾尤其是巨大的灾厄往往意味着上天对世人的惩罚，在不少朝代的末期，伴随着朝纲混乱和腐败的官僚集团的正是大量天灾，尤其是旱灾、蝗灾最为常见。相比之下，超级地震发生的频率较小，而且多发于人口稀疏的山区，或者是远离中原王朝的边疆地带，虽然也会造成严重的人口和财产损失，但一般不会直接威胁到朝廷的统治。但华县大地震不一样，它发生在人口稠密的关中地区，造成的损害，会直接动摇明朝的民心与官僚体制。

韩邦奇的死在当时引起了不小的震动。这不仅是因为其死于意外，更在于世人皆知韩邦奇的人生起伏，是当时很典型的读书人所遭遇的经历，很多人对韩邦奇的人生境遇能感同身受，他的罹难，让人产生了同理心，也更加慨叹生命的无常。据《明史》上记载，“（正德）六年冬，京师地震，上疏陈时政阙失。忤旨，不报。会给事中孙祯等劾臣人僚不职者，并及邦奇。吏部已议留，帝竟以前疏故，黜为平阳通判”。

要知道正德皇帝也不是什么明君，经常是非混淆，对忠言逆耳听不进去，也就不难理解上述行为了。韩邦奇在京师地震后，明知皇上未必会听取自己的诤言，还是上奏指出朝廷施政的过失，他无非想借此警醒皇上罢了。然而，正德皇帝哪里听得进去，他随手一挥，就让韩邦奇从员外郎贬成了平阳通判。当然，这其中也有奸臣诬陷的因素，因为韩邦奇正直不阿，他竟然被小人落井下石，原本是为了百姓求福的事，不料被诬告为别有用心。不过，韩邦奇也没有怨恨谁，他依然恪守着儒家知识分子的精神原则，即使被贬官，也想着“穷则独善其身，达则兼济天下”。此事让韩邦奇的官声大增，而韩邦奇最后竟死于另一场地震，将这些事联想起来，世人更是唏嘘不已。

另一件让韩邦奇载入史书的事情是关于兄弟情谊的。《明史》记载：“邦奇尝庐居，病岁余不能起。其弟邦靖药必分尝，食饮皆手进。后帮靖病亟，邦奇日夜持弟泣，不解衣者三月。及殁，衰蔬食，终丧弗懈。乡人为立孝弟碑。”韩邦奇的弟弟韩邦靖三十六岁就去世了，但邦奇在弟弟病危时，对他悉心照料，看病情无法好转，他没日没夜地抱着弟弟哭泣，三个月都没有脱衣服睡觉。这些事总让人们想起儒家信守的道德准则，韩邦奇也的确算得上“孝悌忠义”的模范典型，因此，在他意外离世后，朝廷还是作出了比较客观的评价，给了韩邦奇“恭简”的谥号。后来，黄宗羲还写有《恭简韩苑洛先生邦奇》一文，来称赞他的生平事迹，并收录在《明儒学案》书中。

然而，即使如韩邦奇这样的恭俭之人，也没办法革除大明朝的积弊。或者说，韩邦奇从来就不是一个改革家，他对政治的理解，更偏重具体政策上的实务改良，并没有意识到这些弊端背后的根本在于体制的腐朽。韩邦奇的升迁也好，贬官也罢，都在于皇帝一念之间，至于其生死安危，更是早就与明朝的官僚体制绑定。明朝后期，国家官僚体制的弊病越来越多，但因为大明享国时间长，多数人意识不到这其中的制度缺陷，即使发生了华县大地震，也不会从革除体制弊病的维度去思考现实问题。

因此，韩邦奇死于华县大地震，更像是一个传统的儒生的死法，这个体制对他最后的评价也是中规中矩，毕竟，他从未想要改变它。因为不存在改革家的睿智和见识，韩邦奇对政治上的小修小补，反而让他始终能与体制保持相对和谐的关系。相比之下，韩邦奇还能在历史上留下名字，拥有自己的传记，而那些死在地震中的芸芸众生，大都没有被记下名字，至于他们一生的喜怒哀乐，更无从考证。事实上，那些湮没在尘土下的百姓，才是整个体制最基础的构成，但他们意识不到这点，也无法作出任何改变，他们才是华县大地震里真正的沉默者。

一朝落尽长安花

历史的细节时常不忍卒读，如果从宏大叙事着眼，往往会得出一个“历史必然趋势”的结论，而我更关切的是历史跌宕里个人的体验。那些在历史上只留下一个名字，甚至更多连名字都没留下的人，他们的命运如何？他们的生活是如何被裂变的时代所改变的？这些还没有得到后人更多认识的人，可能才是我们真正的祖先。

尤其在历史大变局即将到来的时刻，“历史中间人”却意识不到，即使有个别敏锐的人看透了，也无力改变。有感而发是因我曾从美国加州大学伯克利分校历史学副教授 Nicolas Tackett 所著 *The Destruction of the Medieval Chinese Aristocracy* 中读到一则史料。这则史料来自《偃师杏园唐墓》里提供的一些墓志和《新唐书》里呈现的细节信息。

晚唐贵妇人卢氏背后有一个庞大的精英家族，和当时其他著名的门阀一样，也是长安城里享受上流生活的贵族。在她十四岁时，根据家人安排，嫁给了门当户对的李家公子，这个叫李杼的男人在历史上没留下多少痕迹，但在当时也是精英家族的成员，他比自己的夫人李氏年长 16 岁，但这并不影响他们的恩爱结合。

好景不长，十年后，48岁的李杼撒手人寰，这一年是公元850年。大唐帝国的国运似乎日渐衰微，但长安和洛阳两都依然承平日久，江河日下的景象只在平民百姓的生活里呈现，乱世之象对于贵族来说更是天方夜谭。失去丈夫的卢氏依然拥有一个强大的家族力量的支持，她依然能过着富贵荣华的生活，她的儿子考取进士后，光耀门楣的事情再度降临，卢氏认为自己坐享天伦之乐的日子更指日可待了。

这一切美好的景象都在公元880年7月戛然而止。这一年，卢氏62岁，她已经成为家族里年长而极具权威的人物，此前数百年家族的荣光却在她这一代彻底断送。这一年的夏天，农民起义军领袖黄巢率领大军攻陷了长安城，随后进行了惨绝人寰的杀戮行为。无数的财富宝物、楼台庭院被焚毁一空，不论是贵族还是平民都有大量人口死于兵燹。卢氏家族大多数成员都成了起义军的刀下之鬼，卢氏的女儿和已经官至宰相的女婿被杀，卢氏本人则在兵荒马乱中逃往自家的乡村庄园。但好景不长，一年后她因病死于乡下。

“巩洛兵荒，人生无理”。这是卢氏家族侥幸活下来的成员为卢氏立碑上铭刻的字迹。如果不是后世考古学者的科研工作，这段尘封千年的历史或许永远不会重见天日。在乱世之中，帝王尚且无力保全自己和家人，望族世家又能奈何？

我查了一下这位卢氏的祖先，才发现她背后果然有一个绵延上百年的世家。卢氏的祖先卢赤松，为其家族自唐数开创了近百年的兴盛繁荣。卢赤松在隋朝时为隋河东令，唐朝拜上开府仪同三司太子帅更令范阳郡公，于武德八年卒于长安。据《旧唐书》记载，他与唐高祖李渊是故交，为人贤德，聪明俊秀，辞章华美，文采出众，堪称一代俊杰。而卢赤松的祖先则更了不得，卢赤松是以经学闻名的汉中郎将卢植的十三世孙，当年连刘备都曾在卢植门下求学。

从卢植绵延到晚唐卢氏的望族，在黄巢起义的兵燹中彻底覆灭。这样的例子比比皆是，中古时期有许多兴盛上百年的家族都在此时毁于一旦。其后的北宋开始不再重视门第观念，科考的观念更加深入人心，大量平民崛起，凭借学识向政治权力中心迈进，而中古时期的上百个庞大世家几乎没有在五代乱世后幸存的。

与之相似的是，永嘉之乱后，曾经三国帝胄和勋贵的后人几乎全部死于兵燹，而且是直接死于匈奴政权的刀剑之下。比如，刘备后人中只有当时留在四川的一支幸免于难，随刘禅迁往中原的后人没死于魏或晋，但全部被异族所杀，后代都没有留下。靖康之变时，大宋皇室成员几乎全被俘虏或杀害于女真人之手，仅有驻扎在边地的康王赵构幸免于难，他也成为朝廷南渡后建立南宋的唯一皇帝候选人。

我将这样的历史变局称为“历史的断崖”。更耐人寻味的是这正处于宋元交际之时，导致的后果不仅仅是长安、洛阳陷落这么简单，而是更猛烈的历史转向。法国学者谢和耐写过一本《蒙元入侵前夜的中国日常生活》，从书名上就令人拍案叫绝了。谢和耐不是凭空作文，其史料根据多来自《马可波罗游记》、周密的《武林旧事》、范成大的《吴船录》、庄绰的《鸡肋编》、吴自牧的《梦粱录》等文献。它不讲帝王将相，专谈市井小民，衣食住行，婚丧嫁娶，三教九流，无所不包。

我真正感兴趣的是，并非这些史料真伪、民俗风情，而是这种断崖前后的巨大落差给人的震慑感。将南宋的梦幻浮华置于蒙古入侵的历史阴影下，形成的巨大比对更让人慨叹历史大势的无情。

谢和耐细致描绘了南宋的都城景象、农村状况、商业发展，从当时上至王孙贵族，下至黎民百姓、走卒贩履、文人骚客的衣食住行、风俗、生活观念等细致角度入手，堪称一幅宋朝晚期的浮世绘。

其高明之处在于，他从这些细节描绘中窥测了宋王朝商业繁荣、世风奢靡却军事积弱的事实，文人气太重、尚武风气的衰落也为蒙古灭宋埋下了伏笔，尽管这个结论是中国历史的老生常谈，但谢和耐的笔法依然极具方法论典范。

南宋晚期就像明代晚期一样，工商业发展带来的新的文明样态的萌芽，似乎是曙光初现。但正如谢和耐所说，“在蒙古人入侵的前夜，中华文明在许多方面都处于它的辉煌顶峰，而由于此次入侵，它却在其历史中经受着彻底的毁坏”。

在终将一夜间毁灭的宿命面前，南宋百姓的日常生活竟呈现出一种浪漫、奇情、伤感的感觉。当一切繁华最终成为过眼云烟，曾生活在这片土地上的祖先们的甘苦悲喜、飞扬与落寞也随着大时代的落幕一起坍圮、消失。

南宋末年的百姓或许还在羡慕晚唐的贵族生活，而晚唐的“卢氏们”或许也会向往祖先在汉朝生活的朝朝夕夕。但“彼此的想象”终究是不靠谱的，跳出当时的历史局限性，才能看清自己在时代变幻中的位置。然而，就算看清了，又能怎样呢？

唐人孟郊有诗云：“春风得意马蹄疾，一日看尽长安花。”对晚唐的卢氏而言，从繁花锦簇到烟消云散，或许只是很短暂的光景。她遭遇的这一切跟孟郊写下这般绝句的年龄相仿，而她面对的却是更加苦楚而无法避免的宿命——一朝落尽长安花。

“扯淡碑”背后的世事苍茫

在河南淇县摘星台景区里，有块被称为“扯淡碑”的神秘石碑，因碑文内容太过奇特而闻名。很多人一听“扯淡”这个词，就觉得应是现代人所说，其实不然。“扯淡”在明代口语中就已出现，只是内涵与现在不完全相同，但仍有戏谑、荒诞的意味在其中。比如，明代万历年间的文人李之世《观叶世美戏剧有赠》一诗有云：“棚上千端呈百幻，枝头百舌语千端。物情搬尽机关巧，世界还同扯淡看。过眼雨云空孟浪，殢人花鸟强悲欢。个中难与痴人说，好向邯郸破梦团。”这其中的“世界”大概出自佛经之义，与现在的“世界”当然不是一个意思，但它跟“扯淡”一样，并非现代才出现的词语。

最离奇的还不是石碑上“扯淡”这两个大字，而是其他碑文也十分诡异。据学者许继英在《淇县“扯淡”碑的若干特征及文化意义》一文中叙述，石碑右侧竖行小字是：“翁燕人，水木氏，明末甲申年访道云梦山修真，事迹已详载甲申纪矣，余等不敢再赘。”在石碑左侧竖行小字是：“生不言寿，莫考其纪，或曰一十有二纪，卒曰然，四空门人清，琴棋书画，抱病老人立。”石碑正面的文字十分清晰，中间竖排几个大字是“泰极仙翁脱骨”，最顶端有“再不来了”四个大字，但与其他碑

神秘的“扯淡碑”

文字体都不同，写法颇为随意，与这四个口语化的字风格很搭。

石碑的背面有明显的黏合痕迹，或许曾遭到破坏，上面的字迹十分模糊，远不如正面清晰。我在“扯淡碑”实地观察的时候，几乎看不清石碑背面的文字，但据学者许继英在文章里的记录，“石碑后面正中竖刻‘为善最乐’四个大字，左侧小字是‘不负三光不负人，不欺鬼神不欺贫’，右侧小字是‘有人问我修行法，只在虚灵自然间’”。这些内容颇有仙风道骨之意，与石碑正面文字的意味相匹配。但整体来看，还是十分诡异，不仅因为“扯淡”“再不来了”这样的话不像古人的话风，更不像是碑铭的常见内容。

在摘星台景区对“扯淡碑”的介绍里，它被描述成“明朝勋臣沐氏的墓碑”，而且“李自成率农民军进京时，沐氏逃到淇县云梦山栖身，伺机东山再起”。令人可疑的是他的年龄：据说沐氏活了144岁，但仍没有看到重振大明的希望，最后在对世事荒诞与戏谑中离世，留下了这块“扯淡碑”。

这样的解释不能说没有道理，但缺乏足够的史料支持，还有人说“扯淡碑”的主人叫沐怀古，属于上文所说的沐氏家族，在明亡后隐居起来，后来不知所踪。还有人说“扯淡碑”的主人是崇祯皇帝，崇祯没有死在煤山上，而是有替身替他死了，而他化名沐怀古一路南逃，最后隐居在淇县一带，郁郁而终。这些说法都缺乏特别扎实的史料支持，只能在自己推测的逻辑里自圆其说，至于“扯淡碑”在网络文化里被炒作成什么“穿越者”回到过去发出的悲鸣，更是虚妄之说。

但不管怎么说，“扯淡碑”的主人经历了个人命运的巨大跌宕，进而怀疑世界与人生的意义，并产生了玄奥的感喟，应当是个不争的事实。还有一点，“扯淡碑”应与明清代际有关，背后很可能有一段不为人所知的跌宕起伏的故事，故事的主人很长寿（至于活了144岁的说法

“扯淡碑”所在地河南省淇县摘星台

则不可考，也难以令人信服），且不希望让后人知道太多自己过去的复杂经历。

只留下情绪的感喟而不留下具体的叙事，这在古人的墓志铭里极其罕见。而且，古人墓碑但凡留下了只言片语，甚至只是一个名字，后人就能通过史料推断其身份，但“扯淡碑”的主人一反常态，留下的文字不少，却没有一个字能明确其身份，而且还刻意遮掩真相，让其背后的东西更加扑朔迷离。因为搞不清楚“扯淡碑”的主人是谁，且碑文太过古怪，也有人怀疑“扯淡碑”是假的，或者古人刻意立碑来开玩笑，但这都是猜测，既无法证实也无法证伪。

不管怎么说，“扯淡碑”的主人消失在了历史的叙述里，他甚至根本看不上这些“叙述”，因为自己已经看清了世间万事多为“扯淡”，与其继续存活在这世界上，不如“脱骨”，而若早会如此，不如不来这世间一遭。

这种心理很奇怪，如果没有结合具体的历史语境，很难理解其原因。从历史上看，乱世或者天下大变时，更容易让民众产生白云苍狗式的迷茫感，世事无常或理想与现实差距过大，更容易让人投入悲情或倦怠感中。在明清易代时，中原百姓已经过了太久的太平日子，就像安史之乱前的唐朝百姓一样，几乎没想到自己会面对这么大的变局。但它的的确确发生了，幻灭感就会随之而来，而且不可能从人的记忆里消失，很多人就只能在这种应激反应里的情绪中度过余生。

更可悲的是，这种幻灭感几乎没有被记载在史书上，因为官方史书的视角不太可能聚焦到一个小人物的喜怒哀乐上，哪怕这些情绪是很多人共有的，也不会被修史者看在眼里。因此，历史上向来有“不被记载的历史就等于没发生过”的荒诞说法，“真实的历史”与“被叙述的历史”差异很大，但谁也没法从中找到弥合差异的办法，历史的残酷也正体现于此。

从某种意义上说，“扯淡碑”的主人还是幸运的，他作了一番玄虚之辞，却给人更多解读的可能，还被当成“异类”而被后人记住，但更多人就像荒野里的枯草一般，在岁月变迁后完全湮没，甚至他们是否真的存在过都无人可知了。可是，我们真的能说他们的人生没有意义吗？就像“扯淡碑”的主人是不是也有过人生的高光时刻却最终幻灭而沉沦？他们没有被记录下来，难道就真的丧失意义了吗？

从宏观叙事上看，答案可能并不能给普通人以安慰。无数像“扯淡碑”主人一样的古人连留下“扯淡”之语的机会都没有，这才是历史的真相，而他们正是我们的祖先，在世事苍茫中一代代将血脉与文化传递下去。不难想象，大多数古人也有着跌宕起伏的一生，有着太多精彩的故事，却连只言片语都没能留下，因为他们只是小人物罢了，在急速变幻的时局面前，往往连自保的能力都没有。将视角沉下去，回到小人物的故事与历史现场中，对古人有“同情之理解”，或许能算对“扯淡”者们的尊重，毕竟我们多数人终其一生，也只是无限重复前人的故事罢了。

当末代进士遭遇明清易代

历史大变局下的个人命运，时常让人意料不到。尤其是被皇权赋予了正统知识分子形象的科举胜出者们，在变局中的命运更为跌宕起伏，在大是大非面前，他们的选择各有不同。尤其是进士，在太平时代是帝国高级官僚的后备军，在变局中则命运各异。其中最好的观察点，可能就是公元 1644 年明清易代之时了。以明朝最后一次科考产生的进士们的选择为例，可发现时人的选择不外乎殉国、投降和归隐三种，其中的徘徊、隐忍和无奈让人唏嘘不已。

明朝最后一次科举考试，是公元 1643 年的崇祯十六年癸未科。这一年，大明王朝已经摇摇欲坠，满清的铁骑即将破关而入，农民起义军的势力空前壮大，昔日强盛的帝国此时已然遍地烽火。但传统的读书人有强烈的“忠君”理念，越是面临危亡，越有可能激起他们的济世情怀。可惜，古代读书人不懂现代启蒙思想，绝大多数人分不清“救朝廷”“救国家”和“救天下”的区别。这一年荣登第一甲的三人是杨廷鉴、宋之绳和陈名夏，按照当时的观念，他们都是人中之龙凤，是寒窗苦读的优胜者，从他们登榜的一刻起，就不得不面对国家危亡的形势。

山海关，“天下第一关”，当关外的铁骑冲破坚城的防守时，曾经强盛的帝国终于走到了末路

其中，状元杨廷鉴（1603—1665年）在前半生的经历可谓“开挂”的学霸生涯。史书上记载，其“幼习勤苦，不好鲜衣纨绮”，这点倒跟很多读书人一样，不好锦衣玉食，一心只读圣贤书。崇祯三年，在乡试中，其“以才品著，推为常州第一”，到了崇祯十六年，“公殿试擢为第一，授翰林院修撰”，到这一步，杨廷鉴堪称人生赢家。不过，1644年3月，李自成攻破北京后，他投降了起义军，不久后清军入关，李自成败亡，他又投奔南明王朝，南明亡后，杨廷鉴降清。

晚年的杨廷鉴回乡定居，并急公好义，热衷乡里公事，直到公元1665年去世。因在百姓中有不错的口碑，当时好多人都为之垂泪。史书上有记载:“里巷息舂，一郡罢市，儿童妇女野哭巷祭，即舟帆过我武进莫不太息坠泪。”应当说，杨廷鉴的命运还不算糟。或许是因为“大明末代状元”这样的光环，不论在大顺朝还是在大清朝，统治者都希望从他那里获取一些价值，或许是因为他们真的爱才，或许只是希望通过驯化前朝状元，来为新政权赢取天下读书人的支持，保证所谓的学脉的传承。

同样选择归顺新朝的还有陈名夏（1601—1654年）。陈名夏的前半生轨迹跟杨廷鉴相似，他在李自成的朝廷被授职弘文院编修，不久后降清，一度官至秘书院大学士。

不过，这里面有个细节耐人寻味。陈名夏在京城陷落时，曾上吊自尽未果。这起码说明，他还是有过殉国的打算的。因为没留下太多史料，我们不清楚他当时的想法，但按照传统读书人的观念，他欲效仿崇祯皇帝之所为，倒也并不意外。

陈名夏虽被李自成看好，但新政权好景不长。而入关后的满清对陈名夏同样不薄，很快便让他当上了吏部侍郎兼翰林院侍读学士，这对当时降清的汉人来说，算是礼遇有加了。到了顺治五年（公元1648年），初设六部汉尚书，以加强对汉族知识分子的笼络，陈名夏官运亨通，被提拔为吏部尚书加太子太保，三年后授弘文院大学士，进少保，兼太子太保。谁能料到，陈名夏达到官位巅峰的时候也走到了人生的绝境。公元1654年，因卷入一场意外的党争事件，陈名夏被定罪“结党怀奸，情事叵测”，竟被绞刑处死。

陈名夏曾有诗云：“书生携我城外山，童仆举火何其难。流萤入户光自照，蟋蟀在床鸣不闹。予家既破牛马走，世上饥寒无不有。何人共此患难中，与君且醉重阳酒。”凭他对时事的嗅觉和才情，难道看不出未测风云的险恶？早知如此，还不如像其他士子那样归隐田园，纵情山水。

在明朝最后一批进士榜单里，选择归顺新朝者还有姚文然（1620—1678年）、张恂（1617—1689年）、成克巩（1608—1691年）等人。或许，终究有些人是敌不过功名的诱惑的。这里的功名并未功利之义，而是“博取功名事业”之义，在太平时代，这种观念会让人积极进取，实现人生价值，而在变局中则显得十分尴尬。多一分或者少一分，都会改变命运。而彻底归隐对胸怀天下的读书人来说，未免有些残酷，但也未尝不是一条生存下去的道路。

比如，秦祖襄（1613—1661年）一心报国，曾在南明弘光政权为官。南明亡后不再入世，闲居乡里。余增远（1605—1669年）也曾仕弘光朝，抗清失败后隐居山中，从此不愿入世。

周齐曾（1603—1671年）则是更有名的“隐士”。他在明亡后削发为僧，寄居山水之间。有关他的史料不多，《清史稿》记载中的他机敏灵巧，才华横溢，却孤倔而不与世俗沉浮。“其为诗文，机锋电激，汪洋自恣，寓言十九。然清苦自立，胸中兀然有所不可。”清代岭南文人罗天尺在《五山志林》里曾有记载，周齐曾疾恶如仇，在民间有“周青天”的美誉。这些只言片语，或许正是世道人心的折射。

还有一个叫石隆的人也值得一提。他虽然名列全榜最后一位，换言之，如果他运气再不好点，就要名落孙山了，但他却在历史变局中留下了一笔印记。史书上记载，“明末关中失守，上恢复三策，不报，痛哭出都门”，故国灭亡后，只得隐逸出世，以致我们都搞不清他的生卒年月。

整个进士榜上有近四百人，大多数人的名字都湮没在历史长河深处了，这位排名末位的读书人，却留下了一首感喟时运的《杂诗》：“从来赵括易言兵，寇盗于今尽据城。几点烽烟销汉垒，万家风雨泣长平。将军捄鬭徒搏戟，文士空谭欲啖名。密尔晋阳忧不细，谁能先立亚夫营。”[①] 这首诗的意思不复杂，其中的典故大家一看便知，石隆在时局面前，也只有托古言志了，所谓的“长平之战”的伤痛宛如在昨日，而他始终没能等来挽救大明的“周亚夫”。

也有一些人选择了殉国。温璜（1585—1645 年）也是末代进士，他在进士榜上的排名不算靠前，但他的英烈事迹为时人赞叹。温璜曾在徽州起兵抗清，失败后全家殉国，他自刎求死未成，便欲绝食，但多天后仍未死成，便弄破伤口而死。其不屈意志之刚烈，甚至令敌军也大为感叹。到了乾隆四十一年，清政府还追谥温璜为忠烈。

类似的选择还发生在李用楫（？—1652 年）身上。他也是崇祯十六年的末代进士，在清兵入关后，他追随南明政权继续抗争。据史料记载，永历六年（公元 1652 年），李用楫率领军队在广西合浦青头营与清军激战，兵败后投水自尽。还有魏学濂（1608—1644 年）、卢象观（？—1645 年）、陈熑（？—1645 年）、张家玉（1615—1647 年）、邓士廉（？—1661 年）、陈熑（？—1645 年）等同科进士，他们都选择

① 此诗出自《明遗民诗》。

了继续抗争或以死殉国。这个名单或许是不完全的，一来囿于我知识的有限，二来出于史料的匮乏，这些名字或许不为人所熟知，但他们在历史变局中的言行，却让人肃然起敬，起码让后人知道，历史的真实性和复杂性往往超出我们的想象。

张献忠草台班子里的文武状元

1643 年冬天，大明王朝在遍地烽火中迎来自己崩溃前的最后一次努力。崇祯皇帝在皇宫里焦急地等待着来自南方的战报，却不想等到了张献忠率领部众进入四川的噩耗。天府之国即将面临一次血雨腥风的浩劫，张献忠在一片废墟瓦砾之上建立了大西政权。他在四川杀害大量勋贵与土豪，大量平民百姓流离失所，家破人亡，至于文弱的读书人，更是四散逃亡。但就在腥膻乱世之中，张献忠竟然出人意料地开启了科举考试，广纳天下俊才，仿佛盛世再现，大西政权已经成为天下正朔。

事实当然不是这么简单。纵观历史，即使是在古代的盛世也谈不上民众得到了真正的解放与自由，只不过是在皇权体制下民众与统治者达成相对稳定的利益关系。其中的道理并不复杂，不少文人学者都批评过其中的痛点，但这些思想批判体现在现实结果上，似乎是“说了也白说”。鲁迅先生曾谈到，中国历史上只有老百姓“暂时做稳了奴隶的时代”和“想做奴隶而不得的时代”，统治者与民众一直处于利益博弈的状态里。如果社会发展了，财富积累得多，老百姓富裕了，统治者也会跟着享受更多，正如同“水涨船高”的道理。即使社会民生凋敝，统治者依然不能断了自己的享受渠道，于是便要从民间搜刮财富，这就可以看作一个朝代崩溃的前兆。历朝各代就在这样周而复始的博弈成败中向前行进着，但一次次的历史教训并没有让民众真正觉醒，崇拜权力与忍辱负重的性格也让民众很容易被帝王统治术所利用。

其中最明显的就是统治者对知识的利用。古代的知识垄断现象非常明显，不普及教育、不让百姓识字只是更远古时代的低级统治手段，到了后来，知识垄断的手段变得越来越高级。统治者不再阻拦“知识”传播，印刷术的发展也让“知识”走向了寻常百姓家，但这些东西本质上还是属于为统治者服务的意识形态，带有不同程度的规训意味。而任何强调个人独立思考的知识都会被污名化为离经叛道的思想，甚至给人带来灭顶之灾，因为这些知识的力量太巨大，一旦在民众中形成共识，将有可能危及统治者的地位。因此，某些试图分析帝王统治术的书籍，在古代就成了禁书，而那些被官方高度推崇的文本，也一定是有助于统治稳定的。

儒家思想就很不幸地成为其中最重要的一种工具。自从董仲舒帮助汉武帝发现了儒学与帝王统治的微妙关系后，孔子思想的本义就被历代统治者及其麾下的知识精英所不断地解读、重释。在无数次的现实转化后，儒家思想的内涵不断丰富起来，但也越来越背离其中的一部分原义。从某种意义上讲，对儒家思想的意识形态的争夺，也成为历代统治者证明自身合法性的最关键内容。

如果说古代早期的皇帝们对此还有模糊看法的话，到了帝制成熟后，这个观念几乎成了帝王们的常识，甚至那些缺乏统治合法性的帝王，也得想办法尽快得到儒家正统观念的认同。张献忠建立的大西政权就是其中的典型，这也就解释了他为什么要着急搞科举、确立文武状元，或许在张献忠来看，自己的政权本来就缺乏民众的认同感，如果不借助科举与儒家入仕途径来恩惠民众，自己的统治会更加艰难。

因此，历史在这一刻上演了残酷而又荒诞的一幕。历史记载，张献忠在进驻成都后，新政权还没稳固，便急于开科取士，这显然是为了彰显自己“爱才”的决心。在张献忠的大西政权刚刚创立之年，就有120名文科进士被录取，张献忠钦点了龚济民为文科状元，其他登科者的名字并没有留下来，甚至这个龚济民之前之后有哪些事迹，后世也不得而知。因为张献忠的政权在当时完全就是个草台班子，连年号都是用的李自成政权的“大顺”。也正因为其政权可谓名不正言不顺，才着急要通过科考笼络人心，为自己的统治提供意识形态上的合法性。

值得一提的是张献忠钦点的武状元张大受。明清史上有两个著名的张大受，另一位是清朝康熙年间的文人，而这位武状元是四川人，见张献忠在四川建政后专门来投靠。据记录李自成、张献忠掌故颇多的《平寇志》记载，张大受时年不到三十岁，正值身强体壮的年纪，外表英俊潇洒，兼之武艺精湛，便很快在投靠者中崭露头角。张献忠在皇宫中亲自召见了张大受，身边的文武大臣也对他赞不绝口，张献忠见状大喜，便赏赐这位武状元大量的金银财宝，还让画师将他的英武形象画下来，并赏赐他一座豪宅，四个美女（也有说法是十个美女）和二十个家丁。张大受叩头谢恩，深感皇恩浩荡，周围人也无不羡慕。

谁能想到四天后，张献忠再次想起这位新科状元，竟然是下旨诛杀他，并没收所赐财物，那些美女和家丁也受连累而被杀害。就算是暴君，杀人也需要一点理由吧，可张献忠就是没理由，一些史料上说，张献忠当时念叨着，一见到张大受就满心欢喜，但又害怕见到他。至于为何要害怕张大受，并没有解释，这个荒唐的“理由”竟然还被周围大臣接受了，张大受和他的陪葬者们就这么稀里糊涂地死掉了。

在此之后，张献忠的凶残与卑劣更加凸显。其实，张献忠根本就不尊重读书人，他本人就是个不学无术的家伙，靠着精明自私的头脑和血腥的手腕在乱世中生存下来，他的人性早就在残酷的斗争中彻底泯灭了。他只不过利用一部分读书人，来达到巩固自己统治的目的，但他打心底瞧不起那些有才华的年轻人，甚至对那些武功卓越的侠士也十分防范，生怕别人对自己的权力构成威胁。从其出身和经历来看，张献忠这样想一点也不让人意外，因为他正是靠着这种极度自私与好勇斗狠的特质，从底层一步步杀上来，这是乱世残酷法则导向下的必然结果。

但不管怎么说，在乱世草根都可以称帝的时代，每个人都不得不面对浮萍般的宿命——要么选择奋起反抗，要么选择依附从属。越是这样的时代，越会产生各种投机分子，甚至整个社会的观念都会随之改变，不再以反叛与投机为耻辱，即使一些儒家知识分子也不能例外。就像张献忠的割据政权首开科举的时候，一些人还在观望，因为参加这种科考被录取不见得是好事，如果割据政权最后被剿灭，自己岂不成了从属叛乱的逆贼？但是，如果这个政权最后统一天下了呢？自己岂不是成了开国功臣，成了后世读书人膜拜的先贤？因此，选择去张献忠的草台班子，本身就是一种投机行为，更何况这些读过历史的儒生们，更忘不了明朝开国的一些大臣，就是在朱元璋只是个地方割据势力统帅的时候就成为其麾下智囊的。有这样的“成功先例”在，有些人自然会对大西政权的科举考试动心。

然而，张献忠不是朱元璋，大西国也没有大明朝的国祚，天命并不在这个农民起义军首领身上。事实上，中国古代的农民起义最终成功者极少，严格来说，真正意义上是农民起义并一统天下的，只有朱元璋一人而已。刘邦毕竟还是个亭长出身，朱温虽然灭唐并统一中原一带，但并没有真正统一全国，而且后梁的国祚太过短暂，而李自成、黄巢虽然一度攻占前朝首都并称帝，但完全是流寇作战的方法，无力守住占领的土地，最终兵败身死。至于其他割据一时、霸占一方的政权，更算不上

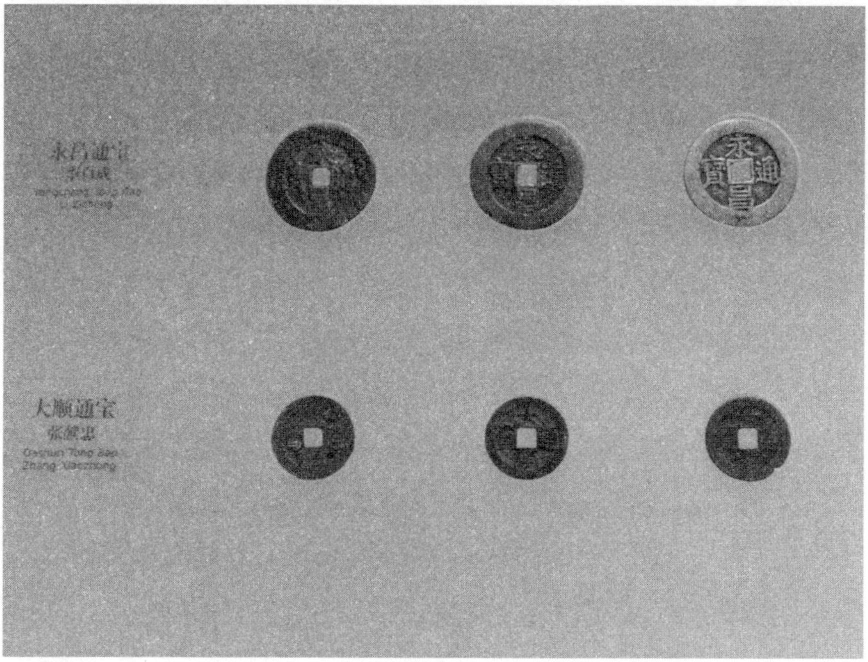

辽宁省博物馆收藏的李自成政权的“永昌通宝”与张献忠政权的“大顺通宝”，这类割据政权存在时间虽短，却自认为是“天命”所属，十分热衷铸币

起义成功。朱元璋能有逆天的战绩，除了能力和运气超群之外，也在于他面对的是元朝这个异族政权，明与元的战争本身就带有汉民族重获天下的意味，因此，朱元璋从一开始就存在一定的感召力，对当时不满蒙元统治的平民有很强的吸引力。因此，农民起义因为各种主客观原因，最终统一天下的成功概率低到几乎为零，但就是如此低的概率，依然能吸引到不少人投靠、参与，这是因为在乱世，日常逻辑被打乱了，很多人意识到自己只有高倍的投机，才有可能换来高倍的利润，既然不投机也是死亡，那何不试试呢？

这种观念在乱世非常普遍，直到新朝建立初期，可能也不会被完全消除，这也是每个朝代初期各种荒诞的权力斗争频发、政权不稳固的原因之一。统治者为了维持稳定，收拢民心，意识形态上的革新是首要的事情。因为这种革新未必是合理的，而原先的意识形态也未必就是错误的，所以“改写”或者“重述”未必会给知识分子带来更好的体验，文化也未必就会得到真正的传承。实际上，从元朝开始，再到明清，历代皇帝都在按照自己的意思扭曲儒家思想的原义，只要能有助于自己的统治，有助于笼络各个阶层的民众，就可以重新解读经典。其中一些精明的统治者，就会及时开启科举之路，以实际的恩惠来帮助民众尤其是底层民众获得阶层上升的机会，而科举普及的时期，往往也是政权异常稳固的时期。

当帝王们都明白了这些统治术，反而那些不按常理出牌的行为，更容易引起时人与后人的注意。比如，元朝在大多数时间里并不开设科举，录取的状元人数在宋元明清几代里算最少的。但是，反而让历史记住了那少数几位对儒家思想与科举考试有兴趣的蒙古皇帝的名字。

元朝科举按照考生民族划分为左右榜，考虑到蒙古的知识分子学习汉学有一定难度，蒙古人与色目人的考题相对较简单，因此，元朝科举录取的进士分属于多个民族，录取率整体不算低，但从状元里走出的名人却很少。其中比较有名的有元仁宗时期的状元张起岩、英宗年间的状元泰不华，还有很多人只留了一个名字，生平事迹难以考证。尤其是元朝末年顺帝时期的状元，几乎都在元亡明兴的大变局里消失了，刚刚迎来个人事业的巅峰，却遭遇了天下巨变，实在令人唏嘘。比如，元顺帝元统元年的蒙古人状元同同、至正二年的状元拜柱[①]、至正五年的状元普颜不花、至正二十三年的蒙古人状元宝宝……这些名字都说明，当时蒙古族的知识分子也被纳入了儒学正统的谱系里，当然，随着元朝的覆灭，这种归述也就结束了。

不过，张献忠开设的科举，还不如元朝的科举得到后世认同度高，张大受、龚济民这样的状元自然也很难被后人铭记。不过，从结果反推原因的历史逻辑本来就是有失偏颇的，不能因为一些人获取了最后的成功，就可以理所当然地认为其早期一切行为都是光明伟岸的，也不能因为历史人物悲剧的结局，就认为其人曾经的言行不值一提。在历史的跌宕面前，几乎没有人可以躲开命运洪流的推动，最后自己走向何方，是成功还是失败，是光荣还是耻辱，有些时候并非个体力量能决定。这也是历史时常令人遗憾的地方，尽管这个规律向来存在，但人们并不太愿意提及它，哪怕自己正在遭遇这种宿命的锤击。

① 与南坡之变中的拜柱重名，但此处的拜柱实际上姓贵，实为贵拜柱。

一位怀才不遇的晚清乡绅的人生逆旅

1942年，山西太原的乡绅刘大鹏以85岁高龄去世。在正值抗日战争的连年炮火中，当时的中国文化界几乎没人注意到这位老人去世的消息，至于其生平事迹，也只有亲友近邻知晓。直到几十年后，一些史学家以所谓“微观史学”的视角翻出了这位平凡而又不平凡的读书人的信息，才让外界了解了在跌宕起伏的时代变化下一个普通读书人的奋斗、坚忍与沉浮经历。

2005年，牛津大学教授沈艾娣的著作《梦醒子》（*The Man Awakened from Dreams*）在斯坦福大学出版社出版，8年后，其中文版问世，此书副标题被定为“一个华北乡居者的人生”。

用沈艾娣的话说，《梦醒子》“不是典型的微观史，它并非基于档案研究，而是以刘大鹏日记和其他作品、已出版的地方史资料和口述访谈为材料”，但是，“微观史学”里的确讲究从个人生命经历和情感历程角度切入，来理解大的时代和宏观的历史进程。因此，解读刘大鹏，就需要从其生命轨迹入手，要以他的视角来理解那个时代的一切。

1857年，刘大鹏出生。他8岁入私塾，15岁结婚，20岁首次参加县里的科考，却失败而归。今人或许很难想象当时的读书人从出生就背负的精神使命：像历史上那些仁人志士一样成为儒家文人的典范。当时大清已经立国二百年，末世的景象尚未出现，尽管在局部地区已经出现了乱象，但刘大鹏和当时的许多年轻人一样，对国运和个人的命运保有相当乐观的态度，他们唯一担心的就是自己不能跻身为国效命的事业里，不能成为儒家圣贤榜单上的一员。

但现实的惨淡焦灼着他的心，正如旱灾对乡民的折磨一样，是必须直面的。刘大鹏看到了平民在天灾人祸面前的脆弱，也看到了实现自己儒家理想的困难，这个目标是难以一蹴而就的。

直到1891年，刘大鹏赶考五次，却次次失败，他开始意识到自己无法成为历史上那些“少年天才”。为了能考取功名，刘大鹏苦练八股文写作，对儒家经典早已能倒背如流，烂熟于心的圣贤教诲既是他摆脱现实困顿的敲门砖，也在潜移默化中塑造着他的三观与人格。就在这一年，刘大鹏去山西太谷县一个富人家里坐馆，这是谋生的办法，也能让刘大鹏感到自己平生所学的“稍许能派上用场”。

一面是封侯拜相的功名诱惑，一面是清苦辛劳的教书匠生活；一面是受到天子宠幸、受到同侪艳羡、进而名垂青史的伟业，一面是长达十年的私塾先生身份，刘大鹏在理想与现实的纠葛、梦境和生存的挤压间备感疲劳。刘大鹏的生命轨迹，和历史上无数的读书人一样，从开蒙到苦读再到名落孙山，最终只能靠教书混日子。

耐人寻味的是，刘大鹏的偶像曾是曾国藩。其实，其他读书人何尝不是呢？但是，刘大鹏终究不是曾国藩。在能力、命运和机遇等各方面，始终无法与曾国藩相比，但“虽不能至，心向往之”的念头一直在他心中徘徊。从刘大鹏开始写日记，他就在有意识地向曾国藩看齐。

曾国藩日记在后世成为读书人修身齐家的经典，刘大鹏的日记却只能成为对历史细节的注脚，但这不等于其言其行没有意义。有时候，

"失败者何以失败"比"成功者何以成功"更值得常人思考，更何况，人生命运是不能用简单的成败来判定的。

据沈艾娣所言，"曾国藩曾告诫诸弟在日常处事中要敬畏严肃，日省，早起，每读一书则读毕，每日读史书十页，记日记，写下每日所得，每月作诗和策论以保持文学能力，不多言，不发怒，戒筋疲力尽，早饭后习书法，夜里不外出。为保存日记，刘大鹏也在日记里写下一些具体的规则：汝必用正楷书写；记录所有己身、己心和言语之恶；汝需终身写日记而不能间断。"

曾国藩对刘大鹏的影响是巨大的，甚至可以被看作一种"影响的焦虑"，刘大鹏渴望像偶像一样建国立业，在"穷则独善其身"的方面，他对曾国藩的模仿和学习几乎是一板一眼、毫不走样。

这种渴望有理想主义的一面，但也有功利的意味。《梦醒子》一书里毫不客气地指出，"刘大鹏本身是农夫，却将自己想象成统治阶级的一员"。当然，这也不单是刘大鹏的问题，"修齐治平"本身就带有个人逆袭、跻身精英群体的现实意味，所谓"立德立言立功"的三不朽之论，始终让人神往，也让人时常以功利行为追逐现实的目标。

"朝为田舍郎，暮登天子堂""书中自有黄金屋和颜如玉"之类的思想一直在纠缠着刘大鹏。他一直等着一个像曾国藩戡乱一样的机会。

1895年，刘大鹏进京赶考。这一年他38岁，首次离开山西。他心目中期待已久的逆袭时刻终于到来了。

此前的一年，刘大鹏通过第六次参加省试，终于考中了，成为国家精英的希望变得清晰起来，他开始自觉扮演一个"准精英"的角色，家国情怀也变得越发强烈。也正是在这一年，大清在甲午海战中惨败，国家的耻辱让读书人感到了压力，也让刘大鹏这样的儒家知识分子使命感猛涨。

但是，近乎不惑之年的刘大鹏看不透大清落后的本质，对西方思想和现代科技一无所知的他，更不会认为拯救国家的失败要从思想的改易上寻找思路。相反，刘大鹏在 1895 年的京城之旅，让他对京城和仕途开始有了偏见，开始从自己的知识结构里寻求慰藉个人失败的借口。

这种偏见来自失望。刘大鹏在京城考试失败了，不过，他发现京城文化和精英群体的状态与自己想象的不同，便愈加固执己见。从他的日记①里可看出，刘大鹏尽管关心时事，对甲午战败后的国运有独到思考，但仍看不懂悲剧的根源。与此同时，他对北京城市生活的“奢侈和放荡”十分不满，甚至对“男女游客杂处，互不避免”非常震惊，以致记录下“观其风气，失于浮华，一举一动，莫非争个虚体面”。他将国家的失败归咎于精英群体的“开放”，这当然是不对的，但从他的成长经历和知识结构来看，这样的结论是足以逻辑自洽的。

如果不是时代的跌宕，刘大鹏大概不会存在多重身份，也不会因此纠结和迷茫。《梦醒子》以写作者、儒生、孝子、议士、商人和老农这六个身份去解读刘大鹏，但刘大鹏的本色和初心应当还是一个传统的儒家知识分子。

在刘大鹏的少年时代，科举考试及其带来的人生模式根深蒂固，没人去质疑它的合理性，哪怕是改朝换代，他们也不认为这些基本的价值观会有丝毫的改变。遗憾的是，刘大鹏遭遇的是“数千年未有之大变局”，文化上的大断裂也割裂了他的现实生活与理想世界间的自然关联。

1905 年，清廷下令废除科举制。废旧学、兴新学的风潮不仅震撼着主流知识界，也迅速波及刘大鹏这样的身居乡间的老儒生。一夜梦碎的感觉像长蛇一样缠绕着他的身体，其实，早在进京赶考前，刘大鹏就有了梦醒一般的顿悟。据记载，他曾做过一个特别的梦，这是“一个导

① 后来被整理为《退想斋日记》。

致他态度转变的梦”，此后他就以“梦醒子”为笔名：

“癸巳冬至月，梦醒子于延庆节前一日，夜梦一人，形容甚古，眉分八采，目有重瞳，耳大准隆，口方须紫，面肥色润，身体魁伟。望之俨然，即之也温，听其言也厉，年可六十余，不知何许人也。”

刘大鹏开始明白这一切不过是一场幻梦，用沈艾娣的话说，刘大鹏同时也“明白了尘世功名的虚妄，然而儒家道德秩序却是建立在道德和权力的联结之上。当他把自己称作梦醒子时，刘大鹏说的正是自己同政治权力的疏离，但是他也指出了儒家道德秩序的脆弱和复杂”。

身处清末民初的刘大鹏，越发感觉自己和主流历史的格格不入。民国后的知识分子开始崇尚西学为主流思潮，刘大鹏不仅没能实现少年时代的梦想，如今，连这个梦想都被所谓“历史进步”的名义狠狠砸碎在地上。

这是一场彻头彻尾的失败。刘大鹏甚至不能像前朝遗老一样选择安身立命的姿态，因为“今朝”和之前的历史不只是权力上的更替，更是文化上的大断裂。刘大鹏当初选择成为一名隐士，但陶渊明式的隐逸也无法给他带来安慰，隐逸后入世，乃至“终南捷径式的权变”在此时也彻底无效了。

刘大鹏晚年的经历，更像是被历史的车轮带动向前的“被迫之行”。因为他的寿命漫长，所以足够看遍风云变幻，却没法融入任何一个看起来美丽的世界。刘大鹏晚年曾经营过小煤窑，开始接触现代工业在山西萌芽后的变化，还帮助乡民兴修地方水利。他也因阎锡山政府搜刮山西民财而上书中央政府，企图用儒家的办法来为民请命。

这些努力看起来更像一个垂暮者的悲情呼号。但刘大鹏已经自诩为“梦醒子”，既然看透了也就没什么可抱怨、可憎恨的。他深知自己已经成为历史的弃儿，无力改变什么，只好认命。这种无奈放在很多人那里，必定以负面情绪体现，但从刘大鹏晚年记叙来看，他似乎比早年更少了一些纠结和迷茫，难道是逐渐放下了心中的执念？

刘大鹏留下了《醒梦庐文集》《卧虎山房诗集》《从心所欲妄咏》《琢玉闻吟》《潜园琐记》等著述，还有共42卷的《晋祠志》和200册的《退想斋日记》。从数量上看，称之为地方文化学者不足为过，他提供的地方性知识和经验也带有明显的个人风格。或许，历史上曾有许多像刘大鹏一样的被"进步历史"淘汰的老儒生，但一直坚持写作、思考的人也只是少部分。刘大鹏在去世后半个多世纪又被人们惦记起来，甚至当成"重要历史人物"来纪念，这是否也是一种幸运呢？

蔡东藩的千秋悠思

“少年怀抱功名，宦海唏嘘泡影。清风吹绝攀龙兴，吹起儒生秉性。林泉笔奋雷霆，稗史呵成巨鼎。千秋一揽东岳景，一揽河山万顷。”如此诗句出自何人之手？想必是一位充满家国情怀的读书人吧！真可谓笔底波澜，思绪万千。但也终究敌不过“是非成败转头空”的苍茫感，带不去“夕阳无限好，只是近黄昏”一般的难酬壮志。

著名历史小说家蔡东藩（1877—1945 年），不只吟唱出这样的文字，其一生也都在践行读书人应有的品性。尽管他 14 岁就考中秀才，但当时的大清王朝已是江河日下，官场的乱象和凋敝的民生，让年少的蔡东藩萌生了远离世俗权力的想法。

1911 年春，蔡东藩赴福建候补知县。此时的大清更是摇摇欲坠，因看不惯官方的丑陋风气，他很快便选择离任归乡。当然，此时中国历史的钟表已指向了新时期，民国的初立一度让蔡东藩欢喜，但现实惨淡和内忧外患的局势让他的幻梦逐渐破灭。

或许正是现实的不如意，才让蔡东藩从往昔的掌故里追思英雄的气概，从历史的悲欢离合中反思深刻的教训，进而启蒙和警醒世人。他选择的方式是撰写中国历史的通俗演义。虽说是演义，但和《三国演义》

《隋唐演义》等旧作不同，蔡东藩的历史小说真实性很高，只是在人物对话、情节转承等细节方面进行了加工和虚构，在保证文学性的同时，尽力还原了历史真相。

蔡东藩之所以这样做，除了有传统读书人的严谨外，渴望通过书写真相来普及国史、唤醒世道人心，正是其最大的夙愿。从1916年到1926年，11部历史演义相继被撰写并出版，其中最早撰写的就是离他最近的清朝历史。

有趣的是，《清史通俗演义》共一百回，1840年以后的历史占了一半内容。刚刚到第五十回，就是《饮鸩毒姑妇成疑案 焚鸦片中外起兵端》，鸦片战争以降的历史，蔡东藩讲得格外仔细，而康雍乾时期的诸多历史则一笔带过，只重点谈及重大的政治和军事事件。这或许跟时局有关，也跟蔡东藩对清史的理解有关。用他的话说，“鄙人自问无史才，殊不敢妄论史事，但观夫私家杂录，流传市肆，窃不能无慊于心，憬然思有以矫之，又自愧未逮；握椠操觚者有日，始终不获一编。而孰知时事忽变，帝制复活，筹安请愿之声，不绝于耳，几为鄙人所不及料”。

在写完《清史通俗演义》后，蔡东藩把目光聚焦在元朝身上。对他来说，蒙元历史既熟悉又陌生。熟悉者在于，他能从中感愤时事，陌生的是，大量史料的匮乏和错乱，让他时常面对困境。李保明在《浮生若梦：蔡东藩传》里讲到，蔡东藩先找来《元史》阅读，却发现它“流于草率”“史实疏漏”，只好又从《元秘史》《丙子平宋录》《庚子外史》等书里寻求史料。他还在杭州的书店寻找到了《元史译文证补》，才搞清了很多拗口的名字、复杂的情节和缠绕的真相。

蔡东藩看待元朝历史的态度也融入了他的写作里，正如他在书的序言中写道：“古史之美且备者多矣，而元史独多缺憾，非史官之失职也，文献不足征耳。元起朔漠，本乏纪录，开国以后，即略有载籍，而语不

蔡东藩《历代通俗演义》史才与史识俱佳

雅驯，专属蒙文土语，搢绅先生难言之。逮世祖朝，始有实录，相沿至于宁宗，共十有三朝。然在世祖以前，仍多阙略，世祖以后，则往往详于记善，略于惩恶。史为国讳，无足怪也。”《元史通俗演义》比较短，共六十回，从成吉思汗到忽必烈的历史占了多数篇幅。像蒙古西征之类的历史，也被当成重点来讲了。收集这类历史资料，对当时的学者来说并不简单，但蔡东藩还是写就了《欧罗巴东方受敌》等章回，以保证演义的完整性。

蔡东藩对待乱世的态度耐人寻味。像记叙汉末三国、五代十国时期，蔡东藩的笔触还算是克制，但到了两晋南北朝这样的时期，难免会看出他内心的愤懑。在《两晋通俗演义》里，蔡东藩难掩对国难和灾祸的痛苦。他开篇便开宗明义地讲到“历朝外患，往往从内乱引入，内乱越多，外患亦趋深。照此看来，明明是咎由自取，应了前人的遗诫，怎得专咎外夷与防边未善呢？”不难想象，《两晋通俗演义》写作难度最大，单是梳理混乱的政权更迭和连年战乱间的复杂关系，就够麻烦的了。蔡东藩从司马炎登基写起，跟《三国演义》的末章有历史时间上的重叠，而《三国演义》叙述不详的晋灭吴之战，则被蔡东藩讲述得详尽而精彩。

蔡东藩的中国历代通俗演义中并没有三国史，原因不言自明，他的确有意识避开和经典名著的重复写作，但他同时很聪明地把这段历史揉进了前后时期的叙述里。比如，《后汉通俗演义》的一百回，有四十回都在写东汉末年和三国时期，其内容也有可圈可点之处。蔡东藩曾说：“罗氏所著之《三国志演义》，则脍炙人口，加以二三通人之评定，而价值益增。然与陈寿《三国志》相勘证，则粉饰者十居五六。寿虽晋臣，于蜀魏事不无曲笔，但谓其穿凿失真，则必无此弊。罗氏第巧为烘染，悦人耳目，而不知以伪乱真，愈传愈讹，其误人亦不少也。”

蔡东藩处理史料始终是严谨的。这种错位和交融的历史叙述方法，在其他文本里也有体现。比如，《前汉通俗演义》包括短暂的秦朝历史，而隋朝历史则被纳入了《南北史通俗演义》里。

中国历代通俗演义系列小说为蔡东藩带来了巨大声誉，但不慕名利的他，最终没像一些同时代作家那样借机成为所谓的“畅销书作家”。抗战爆发后，蔡东藩的命运更加颠沛流离。到了晚年，他有限的精力多放在整理旧时所写的诗词上，编辑了《写忧草》《风月吟草》等作品。1945年3月5日，蔡东藩去世。五个多月后，抗战胜利的消息传遍了全国，而一生都心系国史和民族命运的他却没看到这一刻。

怀旧与感伤：一个难以忘却的“梦”

本书的最后一个故事，关于爱情却又不只是爱情，这还要从一本叫《艽野尘梦》的奇书说起。此书由文言文写就，或许因其叙述极其简练惜墨如金，更增加了许多事情的可解读空间。作者陈渠珍是中国近代史上的奇人，虽一生戎马倥偬，但手不释卷，笔墨功夫不亚于一些文人学者。从履历上看，他 1906 年参加湖南新军，其后跟随清川边大臣赵尔丰，在清朝末年奉命入藏平叛。谁也没想到，他还在藏地的时候，武昌起义爆发，辛亥革命的消息传入藏地后，他只好带领亲兵离开藏地，试图回到湖南故土。民国时期，陈渠珍立足湖南，经营湘西数十年，人称“湘西王”。

《艽野尘梦》是陈渠珍在晚年追忆往昔时记下的文字。此书写于 1936 年，距离 1911 年发生的那段往事已过了将近三十年，但陈渠珍对大量细节仍记忆犹新。故事要从他由成都入藏讲起，但许多读者最关心的是他带领百人于绝地求生的故事，其实只占了全书后半部分。

从这里开始，武昌起义以及藏地政治变局已经开始，陈渠珍及部下，将面对是去是留的艰难选择。据书中记载，有人对他说：“大局已生戎变，三数日后，消息传遍全藏，军队恐生动摇。奈何？”陈渠珍稍加思考，心中便有了答案，于是回应道："塞外吏士，原非孝于顺孙，公所知也。此信传出，兵心必变，彼等皆川人，哥老会势力之大，亦公所知也。不如委而去之，径出昌都，以观其变。"

陈渠珍虽是个勇武的将军，也有黯然神伤之时，尤其在面对逝去的战友时，更会无比悲伤。《艽野尘梦》里记载，在他进入青海后，途中回忆此前的波密之役，便想到"我死亡将士遗骸未收，魂羁异域，孰无妻子"，他还想到古人所言"可怜无定河边骨，犹是春闺梦里人"，触景生情，便"不禁恻然心痛，泪潸潸下也"。

对于那些掌握生杀予夺大权的军官来说，还能有如此怜惜生命和悲天悯人的情怀，实属不易。何况，在当时那种绝境下，陈渠珍一行人能不能活着走出藏地，回到故乡亲友身边，都是一个未知数。几乎每一天都有同行的战友死去，活下去就是他们唯一的希望。

当时的生存境况有多残酷呢？陈渠珍用大量真实的细节，还原了当时的状况。《艽野尘梦》中有记载："终日狂风怒号，冰雪益盛。士兵多沾寒成疾，或脚冻肿裂。因粮食日少，相戒不许再以粮食饲牛马。每宿营时，牛马皆纵之郊外，以毛绳拴其后，两足相距六七寸，听其肢行舵草，防远逸也。一日晨起收马，则余枣骡马竟不知何往矣。一望平沙无垠，踪迹杳然。士兵侦寻甚远，皆无所见。"

因为在冰天雪地里长期行走，没有防护措施，大量随行者被冻伤、冻死，一旦掉队，就很难再追上了。如果不读原文，很难想象当时的惨状，恐怕只有亲历者才能写下这般惊世骇俗的文字："行雪地久，士兵沾寒，肿足，不能行。日有死亡。初尤掘土掩埋，率众致祭。继则疾病日多，死亡日众。死者已矣，生者亦不自保。每见僵尸道旁，惟有相对一叹而已。"

更有这般叙述："余等由江达出发时，皆着短袄，裘帽，大皮衫，穿藏靴，内着毛袜。行沙漠久，藏靴破烂，则以毛毡裹足而行。行之久，毛毡又复破烂。于是皮肉一沾冰雪，初则肿痛，继则溃烂，遂一步不能行。牛马杀以供粮，无可代步。途中无医药，众各寻路逃命，无法携之俱行，则视其僵卧地上，辗转呻吟而死，亦无可如何矣。余过雪沟时，稍不慎，有足亦沾雪肿矣”。

在绝境中，弹尽粮绝后，甚至有人会吃死去的同伴的尸体。人性从来没有像在绝境中那样经不起考验，《艽野尘梦》里几乎没有强烈的情感褒贬，或许连陈渠珍自己都无法做到跳脱出来，去评价别人在生死存亡关头的道德选择。

就在他们一行人来到青海中部地区的时候，与一队有着食物、骆驼的喇嘛意外遭遇了。“突见人马甚多，从后至，众颇惊疑，伫视之，则喇嘛七人，策骑款段而来。又有骆驼四头，高大异常，无识之者。喇嘛忽见余等，亦颇骇异”。或许看到了对方存有畏惧之心，陈渠珍有一些部下开始打他们的主意，不过击杀喇嘛后，他们自己人也有多人伤亡，书中有记载，“谢海舞等六人，则负重伤，卧地呻吟。于是众皆坐地，相觑无一语”。

但是，这些伤病者无法再前行了，别人也实在无力救援，何况这场恶斗与他们的贪婪也有关。陈渠珍对这段记述十分冷静，或者说冷酷，让人读出些许悲凉：“濒行，伤兵四人，其一伤稍轻，扶杖而行，余二人已奄奄垂毙。独谢海舞宛转地上，号泣曰：众弃我去，忍令就死耶。余等行不顾。”因为太痛苦了，伤者只好要求速死。“复大声呼曰：君等既不相救，我亦不堪其痛苦，曷以一弹饮我，以速我死。”

除了来自人性中的恶的暗伤外，还要提防狼群的袭击。在陈渠珍的记忆里，饿狼吃人的血淋淋的场面历历在目。类似这种记载并不少见：“但闻伤兵终夜呻吟叫苦。又闻呼救声甚急，众皆颓卧不起。次晨起视，则伤兵二人，夜为狼噬，仅余残骸而已。”

等到了西宁，原来一百多人的队伍，就仅剩七人幸存。《艽野尘梦》如果只是写了这些惊险的故事，还不足以让人扼腕叹息。在凶险之旅中，有一位叫西原的女子陪伴了陈渠珍。他们在藏地相识，西原只是个十四五岁的女孩，却因为辛亥革命后的政治变局被卷入北上的险境里，这或许也是她的宿命了。

西原登场的时候，就让陈渠珍眼前一亮，尽管他在书中明确说西原的外貌只有中等姿色，但他却被她青春灵动的美感所折服。在繁忙和紧张的军旅生活中，陈渠珍需要这样一个温柔善良女子的陪伴，书中写道：“乘马女子，皆束丝带，袒右臂，鞭策疾驰，其行如飞，至立竿处，则俯身拔之。以拔竿多少定输赢，中一女子，年约十五六，貌虽中姿，而矫健敏捷，连拔五竿。”

或许陈渠珍都没想到，西原不仅对他温暖备至，还十分坚强，在许多关键时刻都挺身而出，保护自己的夫君。而在北上的队伍遇到不可测的自然灾难时，西原也能凭借自己的藏地生活经验，作出果断且准确的判断，帮助一行人走出死亡绝境。

但是，等他们回到内地后，西原却因为水土不服等原因，染上绝症后就一病不起。《艽野尘梦》写到这里也到了大结局，“药饵无效，病日加剧，一日早醒，泣告余曰：吾命不久矣。余惊问故。对曰：昨晚梦至家中，老母食我以杯糖，饮我以白呛，番俗，梦此必死。”陈渠珍悲痛欲绝，但也回天无力，西原陪伴他度过了最凶险、痛苦的时光，那些经历堪称九死一生，等陈渠珍要顺利地返回故土时，她却要永远地离开了，“人非草木，孰能无情”，更何况是共患难过的夫妻！

西原最后跟陈渠珍说：“万里从君，相期终始，不图病入膏肓，中道永诀。然君幸获济，我死亦瞑目矣。今家书旦晚可至，愿君归途珍重。”陈渠珍在安葬西原后，“不禁仰天长号，泪尽声嘶也”，到这里，他再也写不下去了，“余述至此，肝肠寸断矣，余书亦从此辍笔矣”。

追述几十年前的往事，还能历历在目，若非念念不忘，岂能记忆长存不灭？哈佛大学文学教授斯维特兰娜·博伊姆（Svetlana Boym）在《怀旧的未来》中曾说，“怀旧式的爱只能够存在于距离遥远的关系之中。过去与现在，梦景与日常生活的双重形象”。

对陈渠珍来说，西原的短暂陪伴也好，凶险的藏地经历也罢，都是遥远的时光隧道另一端的影像。博伊姆也说过，“怀旧本身具有某种乌托邦的维度，只不过不再是指向未来。有时候，怀旧也不是指向过去，而是指向侧面”，陈渠珍这段难以忘却的旧梦，或许是渴望忘却的，渴望忘却的是那些悲惨和痛苦，但温情与慰藉却让他不忍心与往昔告别。何况，以陈渠珍的立场看，它的发生又是命运对他的安排，是无法逃避的，除了用文字记录下往事，他还有什么更好的办法来与往事和解呢？

后记

爱与挽歌

陈渠珍终生没有忘记西原，而在清末民初的大变局中，这个痛彻心底的爱情悲歌却似乎微不足道。但我钟爱这个故事，用这段传奇的爱情故事做结尾再好不过了。

读历史过多的人，或者孩童时代就痴迷历史的人，很容易产生与历史“伴生”的心理。而看多了刀光剑影、悲欢离合，内心就不免严肃深沉起来，甚至有人陷入了无尽的悲观而难以自拔。芳草萋萋、芦苇瑟瑟的风景是冷寂的，也是厚重的，可在日常生活幸福的维度上，世界本不该如此，历史本不该如此。

但命运的博弈和历史的逻辑从来都是残酷的，只是观察和叙述历史者未必如此。在这些故事里，“艽野尘梦”是最奇特的存在，却又是最有人情味的，在时代变局中层出不穷的利益博弈里，爱情的光芒并没有被完全掩盖，历史的温情在这一刻让人感动。

这种细微之处的感动，是在宏大叙事的框架下，独属于小人物的高光时刻。很少有人谈及爱情与历史的关系，就像历史中的温情不太被人重视一样，似乎用冷峻的目光注视它们，已经成了观察历史的“标准范式”。

每每至此，我总会想起茨威格，想起他笔下的那些充满魅力的历史人物。茨威格就像是个从古典时代跑出来的孩子，用真诚与温情书写他眼中的历史与世界。表面上看，他可能是个天生乐观的人，但过度理想主义又让他容易坠入悲观的泥潭。茨威格的精神世界终究还是欧洲老贵族的文化，这也让他笔下总是流淌着一股难言的“挽歌情绪”。茨威格还是总想写出历史中明媚的一面，他不可能像鲁迅那样“反抗绝望”，因为绝望与悲观的花朵更容易被直击黑暗的勇士摘下，哪怕他本身也不愿意碰到它们。

因此，观察历史的人难免悲观，但在心底还是向往乐观，而经过审慎的思考，那可能是一种更持久的乐观，是一种真正的乐观。身处某个历史阶段里的人，往往看不清其整体的真面目。等我们看清了，很多事情也来不及了。或许在若干年后，当我们曾经的意气风发和隐忍伤痛都变成了历史的一部分，才能释然这些复杂的情绪。

最后，我要感谢这本书的编辑老师。而且，本书中不少内容曾以我的本名或笔名首发于《北京晚报》、“澎湃新闻”网站的个人专栏上，其中一些内容还发表于“文汇”App、“文史博物苑”微信公众号、“黄西蒙物语”微信公众号等平台上，在此向各位编辑老师一并致谢。本书的历史观察与叙述，难免带有个人风格，加上个人水平有限，其中谬误还有赖广大读者朋友的指正。

主要参考文献

著作类：

《史记》，中华书局，1982 年。

《汉书》，中华书局，2000 年。

《后汉书》，中华书局，2000 年。

《晋书》，中华书局，2000 年。

《宋书》，中华书局，1974 年。

《旧唐书》，中华书局，1975 年。

《新唐书》，中华书局，1975 年。

《宋史》，中华书局，1985 年。

《元史》，中华书局，1976 年。

《明史》，中华书局，2000 年。

《资治通鉴》，中华书局，2009 年。

张光直：《商文明》，三联书店，2013 年。

宋镇豪：《商代史论纲》，中国社会科学出版社，2011 年。

陈家宁：《〈史记〉商周史事新证图补》，天津人民出版社，2011 年。

李开元：《秦谜：重新发现秦始皇》，中信出版集团，2017 年。

李颖科、丁海燕：《吕不韦与〈吕氏春秋〉》，西安出版社，2007 年。

吕思勉：《两晋南北朝史》，江苏人民出版社，2014年。

余太山：《古代地中海和中国关系史研究》，商务印书馆，2012年。

杜环、张一纯：《经行记笺注》，华文出版社，2017年。

谭凯：《中古中国门阀大族的消亡》，社会科学文献出版社，2017年。

魏良弢：《西辽史纲》，人民出版社，1991年。

耶律楚材：《湛然居士文集》，中华书局，1986年。

刘晓：《耶律楚材评传》，南京大学出版社，2007年。

巴特：《蒙古族古代战例史》，金城出版社，2002年。

志费尼：《世界征服者史》，中国人民大学出版社，2011年。

谢和耐：《蒙元入侵前夜的中国日常生活》，江苏人民出版社，1995年。

徐良利：《伊尔汗国史研究》，人民出版社，2009年。

刘迎胜：《察合台汗国史研究》，上海古籍出版社，2006年。

陈得芝：《蒙元史研究丛稿》，人民出版社，2005年。

李治安：《元代行省制度》，中华书局，2011年。

李治安、薛磊：《中国行政区划通史（元代卷）》，复旦大学出版社，2009年。

徐霞客：《徐霞客游记》，中华书局，2009年。

纪昀：《阅微草堂笔记》，上海古籍出版社，2005年。

魏向东：《晚明旅游地理研究》，天津古籍出版社，2011年。

艾衲居士：《豆棚闲话》，人民文学出版社2006年。

毛佩琦：《中国状元大典》，云南人民出版社，1999年。

刘大鹏：《退想斋日记》，山西人民出版社，1990年。

沈艾娣：《梦醒子：一位华北乡居者的人生》，北京大学出版社，

2013 年。

蔡东藩：《中国历代通俗演义》，文化艺术出版社，2004 年。

李保明：《浮生若梦：蔡东藩传》，九州出版社，2017 年。

陈渠珍：《艽野尘梦》，西藏人民出版社，2009 年。

杜建民：《中国历代帝王世系年表》，齐鲁书社，2003 年。

谭其骧：《中国历史地图集》，中国地图出版社，1982 年。

梁芳仲：《中国历代户口、田地、田赋统计》，中华书局，2008 年。

阿莱德·阿斯曼：《记忆中的历史：从个人经历到公共演示》，南京大学出版社，2017 年。

麦克尼尔：《麦克尼尔全球史》，北京大学出版社，2017 年。

柯林武德：《历史的观念》，北京大学出版社，2010 年。

论文类：

李开元：《说赵高不是宦阉》，《史学月刊》，2007 年第 8 期。

葛剑雄：《我看王莽》，《读书》，1997 年第 10 期。

许永璋：《摩邻国在哪里？》，《河南师大学报（社会科学版）》，1982 年第 4 期。

邓锐龄：《西辽疆域浅释》，《民族研究》，1980 年第 2 期。

贾丛江：《西辽契丹人生活方式考辨》，《西域研究》，1997 年第 4 期。

王筱芸：《蒙元新西域诗与蒙古王朝认同建构——以耶律楚材、丘处机为中心》，《中国社会科学院文学研究所学刊》，2011 年刊。

图书在版编目（CIP）数据

历史的风景：重返历史上28个关键瞬间／黄西蒙著.
—北京：中国工人出版社，2019.12
ISBN 978-7-5008-7321-1

Ⅰ.①历…　Ⅱ.①黄…　Ⅲ.①中国历史—古代史—研究　Ⅳ.①K220.7

中国版本图书馆CIP数据核字（2019）第280052号

历史的风景：重返历史上28个关键瞬间

出 版 人　王娇萍
责任编辑　姚　宁
责任印制　黄　丽
出版发行　中国工人出版社
地　　址　北京市东城区鼓楼外大街45号　邮编：100120
网　　址　http://www.wp-china.com
电　　话　（010）62005043（总编室）
（010）62005039（印制管理中心）
（010）62379038（社科文艺分社）
发行热线　（010）62005049　（010）62005042（传真）
经　　销　各地书店
印　　刷　北京市密东印刷有限公司
开　　本　710毫米×1000毫米　1/16
印　　张　14
字　　数　177千字
版　　次　2020年2月第1版　2022年3月第3次印刷
定　　价　42.00元